Corps infirme, corps infâme

Corps infirme, corps infâme

La Femme dans le roman balzacien

par

Brinda J. Mehta

SUMMA PUBLICATIONS, INC.
Birmingham, Alabama
1992

Copyright 1992
Summa Publications, Inc.
ISBN 0-917786-86-6

Library of Congress Catalog Number 92-81520

Printed in the United States of America

pour ma mère

Table des matières

Remerciements ix

Introduction 1

 I. La Prostitution ou cette triste réalité du corps 9

 II. *La Cousine Bette* ou cette femme qui n'en est pas une 41

 III. La Pathologie du maternel dans *La Cousine Bette* 59

 IV. L'Homosexualité féminine—une utopie? 75

Conclusion 95

Bibliographie 97

Remerciements

Je suis très reconnaissante à toutes celles et à tous ceux qui ont participé à l'élaboration de ce travail. D'abord, je remercie Naomi Schor et Henry Majewski pour leurs critiques pertinentes et leurs commentaires. Pierre Saint-Amand a offert de lire et de perfectionner mon manuscrit malgré son emploi du temps très chargé; je le remercie de sa gentillesse et de sa générosité. Je suis redevable à Tamur Naseer, à David Onorato et à Raphaël Anton de m'avoir aidée à résoudre les problèmes d'ordinateur. Ce travail est un témoignage d'amour et d'amitié à ma famille, à James Nolan, à Debra Terzian, à Robert Wigton, à John Ranieri et à John Imrie. Enfin, avec ma gratitude la plus profonde, je dédie ce livre à ma mère, grande inspiratrice de mon travail.

—Brinda J. Mehta

Introduction

Tu vis sans le savoir
Tu verses ton âme,
Ton lait et ta flamme
Dans quel désespoir
Ton sang qui s'amasse
En une fleur d'or
N'est pas prêt encor
A la dédicace
Attends quelque peu,
Ceci n'est que jeu.

Verlaine, *Sagesse*

LA REPRÉSENTATION DE LA FEMME dans l'esthétique balzacienne fait écho aux préjugés et aux limitations imposées aux femmes au dix-neuvième siècle. Le père du réalisme a présenté dans son œuvre la spécificité et la dynamique de la vie quotidienne. Son obsession pour le détail et la structure, héritée d'un père administrateur, doublée d'un vif intérêt pour la politique et les problèmes socio-économiques, ont fait de son œuvre une représentation parfaite des structures politiques, sociales, et économiques existantes. Autrement dit, ses romans offrent une réplique des structures de la vie quotidienne de la période post-révolutionnaire.

La Comédie humaine constitue le document le plus précieux sur cette période, c'est-à-dire la période de la Restauration et de la Monarchie de Juillet. Elle traite non seulement des dangers et du pouvoir de la presse, mais aussi de l'avidité de la société pour l'or et les possessions matérielles. Mais, plus spécifiquement, elle a mis en relief l'attitude de la société envers les femmes et son traitement des femmes. Où les femmes trouvaient-elles leur place sur l'échelle sociale? Comment les structures sociales du temps servaient-elles d'outils de répression des femmes?

L'institution du Code Napoléon en 1804 a rendu les femmes impuissantes dans la structure sociale, où elles se trouvaient assujetties à un véritable régime militaire. Le Code a souligné l'infériorité inhérente des femmes. Selon l'article 213 du Code[1] les maris avaient une emprise absolue sur leurs épouses. Les femmes étaient censées obéir à leurs maris à tout moment. Elles n'avaient pas le droit de protester. En tant qu'êtres « inférieurs », elles devaient accepter leur servitude. En fait, elles étaient obligées de rendre hommage à leurs maris pour cette « protection paternelle ». L'Article 1124 du Code a mis les femmes sur le même plan que les enfants mineurs et les fous. De cette façon, le Code a continué la tâche de l'abjection totale de la femme commencée bien avant la Révolution elle-même. Balzac a malheureusement soutenu cette attitude misogyne dans son œuvre. Comment une telle attitude a-t-elle influencé la représentation psycho-sexuelle de la femme dans ses écrits?

Disons tout de suite que l'image de la sexualité féminine telle qu'elle se présente au dix-neuvième siècle ne saurait nous satisfaire entièrement. Soumise à toute une série de contraintes et d'interdictions renforcées sous la Révolution, cette sexualité n'a d'autre recours que de s'insérer en plein milieu d'un ordre masculin—un ordre qui va faire d'elle un stéréotype fabriqué de perceptions et de fantasmes masculins. La sexualité féminine sera donc vouée à un état de dépossession, à une non-virtualité, qui ne trouvera sa spécificité qu'en existant comme satellite, comme supplément de la sexualité masculine.

Cette représentation contrainte, ou plutôt, cette non-représentation de la sexualité féminine sera marquée par l'inhibition, le refoulement et tous les désordres que ceux-ci entraînent. Dans cet essai j'étudierai le corps féminin, traité comme lieu du régressif, et ceci par suite d'une série de répressions imposées au personnage féminin. Il sera question d'analyser les différents désordres psycho-sexuels qui s'organisent autour du point nodal du refoulement.

Cantonnée dans le privé, sans aucun moyen d'arriver à une conception de soi, empêtrée dans la logique spéculaire, il reste à la femme de trouver sa spécificité par l'acte de mimétisme, qui, selon Irigaray, est une forme d'hystérie.

> Et le drame de l'hystérie c'est . . . ce désir paralysé et enfermé dans son corps. Il lui reste donc, à la fois, le mutisme et le mimétisme. Elle se tait et en même temps, elle se mime. Et — comment pourrait-il en

être autrement? — mimant — reproduisant un langage qui n'est pas le sien, le langage masculin, elle le caricature, elle le déforme. . . .[2]

Cela implique que l'hystérique mime sa sexualité selon le modèle masculin pour produire une caricature de sa propre sexualité. C'est la seule façon pour elle de restituer son propre désir. La sexualité féminine dans le roman balzacien se caractérise donc par une extériorisation de cette hystérie[3].

Ce retour du refoulé, cette hystérie, donne à réfléchir. Non seulement la femme constitue l'autre, l'altérité, mais, comme le souligne Simone de Beauvoir, plus spécifiquement elle constitue l'Autre de l'homme, c'est-à-dire, son côté négatif, son image spéculaire. De cette façon, la femme est privée de toute représentation, elle reste hors représentation comme elle reste hors sexualité dans le cadre masculin. Je précise que sa sexualité devient « fausse » dans la mesure où elle est imposée par l'Autre et n'a aucune définition de soi à proposer. Ainsi, mon étude portera sur le comportement féminin comme symptôme, comme réaction aux traumatismes et aux frustrations imposés par l'ordre répressif.

Je tenterai donc d'élucider les privations du corps qui gêneront sa pleine maturation, et cela dans le cadre de quelques situations et modèles pré-établis et stéréotypés, comme la prostitution (*La Cousine Bette et Splendeurs et misères des courtisanes*), la posture masochiste (*La Cousine Bette*), le statut de vieille fille (*La Cousine Bette*), l'homosexualité féminine (*La Cousine Bette et Béatrix*).

Je me propose d'employer une approche thématique à fondement psychanalytique, pour analyser le comportement de quelques héroïnes du roman balzacien dans certaines situations-clefs, tirées des textes qui m'ont paru les plus aptes à illustrer mon propos. (Le choix de textes et de situations sera développé en détail au cours de ce travail divisé en quatre chapitres bien précis.) Chaque chapitre analysera un problème spécifique à la sexualité féminine pour montrer les efforts que fait la femme pour bouleverser l'économie libidinale masculine et pour se libérer de son corps enchaîné. Je m'attarderai aux désordres psycho-sexuels qui résultent de cette tentative, surtout quand elle échoue.

Bien que la psychanalyse du personnage ait été l'objet d'une série de reproches sévères, elle paraît tout à fait indispensable à cette étude. Les critiques ont affirmé que la littérature est fiction, et que, par conséquent, les personnages fictifs ne peuvent pas être traités comme des êtres vivants[4]. Pourtant, je pense que cette affirmation se fonde sur un contre-sens. L'art, la littérature ne sont pas des abstractions. Le critique Slochower le confirme lorsqu'il dit que l'art et la littérature se fondent sur l'expérience humaine. On arrive donc à cette « expérience » *précisément* parce que les personnages traités dans l'art ou la littérature sont des représentations humaines, qu'il s'agisse de types, d'émotions ou de conflits[5].

Cette théorie trouve sa confirmation dans la *Gradiva* où Freud a analysé les rêves de son personnage comme s'ils étaient ceux d'un vivant. Freud souligne le primat de l'intuition de l'écrivain en constatant que « la représentation de la vie psychique humaine est en effet son domaine propre; il a toujours précédé l'homme de science, et en particulier, le psychologue scientifique »[6]. L'originalité de Freud se manifeste dans son effort de créer un échange inter-disciplinaire entre ses méthodes, les arts et la littérature.

Y. Bélaval[7] souligne qu'avec Charcot et L'Ecole de la Salpêtrière, l'influence des « médecins de l'âme » s'est imposée de plus en plus aux écrivains. Mais ce que demandait l'écrivain au psychiatre, c'était plutôt de la documentation clinique et théorique pour servir de justification à la vraisemblance des personnages. La psychiatrie fonctionnait comme une entité en soi qui restait indépendante de la littérature, par ses méthodes cliniques et expérimentales. Pourtant l'avènement de la psychanalyse a apporté une grande modification. Cette fois c'était grâce à sa méthode que le psychanalyste venait chercher la documentation chez l'artiste ou l'écrivain.

Comme l'explique encore Bélaval, par la théorie psychanalytique de l'inconscient, les délires, les fantasmes, ont trouvé une nouvelle signification dans un lieu qui n'était plus une lésion organique. Les délires s'expliquaient ainsi « par un processus qui tenait à la fois de la cause et de la raison, d'où le passage du mécanisme des premiers travaux à la quasi-intentionnalité des *Nouvelles Lecons*. Par la psychopathologie de la vie quotidienne les raisons évidentes étaient occultées sous des expressions symboliques » (ibid., p.8). Par cette transformation du « phénomène en phénoménologie » soulignée par Bélaval, la méthode psychanalytique venait expliquer les conflits, les personnages, le déroulement de l'action dramatique. Donc, pour la première fois, les méthodes freudiennes témoignaient d'une ressemblance entre l'explication des processus psychiques et les complexités du texte littéraire. Freud affirmait donc la valeur de l'approche psychanalytique appliquée à l'analyse du personnage fictif[8].

La psychanalyse du personnage est à mon avis de prime importance pour faciliter une compréhension de la sexualité féminine telle qu'elle se dégage de l'œuvre balzacienne. L'analyse de la sexualité féminine a continué à être le « continent noir » de la psychanalyse, jusqu'au jour où les travaux féministes ont cherché à élargir l'étude de la connaissance du psychisme féminin, afin de pouvoir arriver à une source de documentation plus profonde sur la psychologie de la femme. Cette méthode m'a aidée à étudier le personnage féminin dans son contexte personnel afin de pouvoir formuler une théorie plus générale de la sexualité féminine chez Balzac, et ceci, comme je l'ai déjà mentionné, à travers les désordres psycho-sexuels dans le comportement féminin qui se manifestent comme réaction à des facteurs répressifs.

Quelle est cette image de la sexualité féminine balzacienne? La sexualité féminine dans le roman balzacien acquiert les proportions du péché, du crime. Par là, la femme sexuée devient criminelle, impie et souillée par sa sexualité. Il y a plusieurs notions en jeu dans cette constatation. Tout d'abord, chaque femme devient coupable lorsqu'elle possède une sexualité. Cette culpabilité provient du fait que, selon la doctrine masculine du dix-neuvième siècle, la femme ne pouvait être « une vraie femme » que si elle était réduite à un état d'asexualité, incarné dans les postures de Madonne, femme chimérique et inaccessible, Vierge, etc., qui lui sont imposées. La vraie femme était celle qui ne possédait pas vraiment de sexualité; ainsi, elle ne pouvait pas menacer la fragilité de la psyché masculine, trop avide de maintenir sa maîtrise (sur la femme bien sûr).

Le dix-neuvième siècle offre de nombreux exemples de ces femmes asexuées, mythifiées dans leur sexualité ou plutôt dans leur non-sexualité. On n'a qu'à penser à l'Aurélie de Nerval, à l'Eve de Vigny, à l'Adeline Hulot de Balzac et à bien d'autres. La femme mythifiée gagne le respect et la vénération de l'homme parce que ses dimensions mythiques la figent, pour ainsi dire, la réduisent à un concept, une abstraction. La femme-concept ne fait pas peur parce qu'en tant que symbole et valeur, elle n'existe pas vraiment. Elle est rendue immobile, incapable de mouvement, et, par là, inoffensive. Par contre, la femme qui essaie de s'affirmer par sa sexualité est, tout de suite, contre nature dans l'esthétique balzacienne. Elle est non seulement coupable, criminelle dans cette tentative de se dé-naturer, mais, pire encore, Balzac fait d'elle une Messaline. Sa sexualité devient diabolique par le fait même qu'elle échappe à la sublimation mythique. Balzac moraliste semble se servir des préceptes bibliques qui ont fait de la femme la pécheresse originelle, lorsqu'elle a tenté sa première séduction avec le diable. Le pacte avec le diable l'a rendue immorale, suspecte.

Juxtaposée à ces femmes pieuses, enveloppées d'un voile de suprême sublimation, se trouve l'image de la femme dégradée par sa sexualité: il y a, chez Balzac, Valérie Marneffe, La Malaga; chez Zola, Thérèse Raquin, Nana. La sexualité féminine est dégradée parce que la femme corrompt par sa sexualité. Sa sexualité impure, lors du contact avec le diable, est comparée à un cancer ou plutôt à une maladie vénérienne qui pourrit et fait périr le corps. Balzac semble suggérer que tout contact avec le corps sexué féminin mène à la destruction parce que le corps malade infecte et tue. Ainsi le corps sexué féminin est présenté comme un corps malade qui souffre sous le poids de sa sexualité. Il infecte non seulement l'autre, mais, comme un poison lent, les effets de son enivrement se diffusent partout dans le corps. Le corps enivré se décompose et se putréfie. Comme un morceau d'ordure, il pue lors de sa décomposition, ainsi qu'en témoigne l'évocation navrante du corps prostitué à la fin de *La Cousine Bette*, analysée dans le premier chapitre. La sexualité de la femme la réduit, dans le roman balzacien, à l'état d'ordure, de fèces; elle est un objet dont il faut se débarrasser. De cette façon, la société élimine ses déchets, ou plutôt, elle élimine ses peurs face à une sexualité qui menace par son côté noir et énigmatique. La décomposition devient ainsi la punition d'un crime commis contre la société, la réprimande d'une sexualité offensive.

La femme sexuée, elle aussi, est rendue immobile par la décomposition de son corps. Dans son admirable travail, *Breaking the Chain*, Naomi Schor a évoqué la métaphore de la chaîne comme leitmotiv de chaque tentative masculine destinée à entraver les mouvements de la femme dans son effort d'affirmation. La chaîne a tenu la femme en bride quand elle est devenue « subversive », quand elle a cherché une restitution contre les humiliations imposées par une société masculine. La citation suivante évoquée par Schor dans ses commentaires sur *Lamiel* de Stendhal en témoigne: « Attention, d'Aubigné, c'est une jeune gazelle que je veux mettre en cage; il ne faut pas qu'elle saute par-dessus les barrières » (p. 266). A cette notion d'immobilité, j'ajouterais celle de putréfaction. Le corps immobile, emprisonné, languit avec le temps. La pétrification du corps mène à sa décomposition graduelle, où, sans air, sans nourriture, sans moyens de subsistance, il se dissipe en néant. Le pessimisme de cette évocation ne devrait certainement pas nous laisser indifférents. Pourquoi ce choix de la sexualité? Précisément parce que celle-ci représente pour moi la dimension la plus importante pour comprendre la psyché féminine, et donc, pour comprendre la femme en général. Je précise que le but de cette étude n'est pas d'établir la priorité d'une sexualité sur l'autre, mais plutôt de plaider la cause d'une sexualité qui cherche à être authentique, libérée du joug masculin qui l'opprime, une sexualité (qu'elle soit homo ou hétéro) qui complète plutôt qu'elle n'annule.

Même si l'on est tenté de voir dans l'hystérie, le narcissisme, le masochisme, les formes d'une sexualité spécifiquement féminine, il faut se rappeler que ces caractères sont fondés sur des modèles masculins. Il est important de souligner que les premiers travaux de Freud sur l'hystérie, le masochisme, etc., se concentraient sur des patients mâles, affirmant, une fois de plus, la primauté et la priorité du paradigme masculin.

Le choix limité des textes est délibéré. A partir d'analyses précises et détaillées de textes représentatifs, j'ai voulu montrer, d'une façon ou d'une autre, l'atmosphère de cette sexualité féminine toute fougueuse et réprimée à la recherche d'un exutoire, mais suffoquée dans les limites et les contraintes qui lui sont imposées. De plus, en mettant l'accent seulement sur quelques personnages féminins, j'ai voulu faire une étude approfondie de chacun d'eux, une sorte d'étude de cas particulier qui servirait de modèle à une représentation féminine plus universelle. La méthode psychanalytique m'a aidée à étudier le personnage féminin dans son contexte personnel afin de pouvoir arriver à une théorie plus générale de la sexualité féminine dans l'œuvre balzacienne. En parcourant le siècle, j'ai pu voir s'esquisser une série de comportements analogues qui se manifestaient comme réaction aux facteurs répressifs. Il y avait certaines structurations inconscientes de caractère qui se développaient d'une façon analogue dans les différentes œuvres étudiées. Autour du point nodal de la répression s'élaboraient des comportements communs dont l'ensemble offrait une caractérisation de la sexualité féminine. Si la méthode de Charles Mauron permettait la mise en évidence des structures psychiques inconscientes dans l'ensemble de l'œuvre, la psychanalyse du personnage, d'une façon semblable, témoignait d'une certaine linéarité dans des manifestations psychiques exprimées à travers des dramatisations personnelles. Donc, chaque « histoire » personnelle personnifie une représentation universelle. Par exemple, le drame tragique de Valérie Marneffe représente celui de la prostituée en général, non seulement dans le roman balzacien, mais aussi dans l'esthétique du roman réaliste du dix-neuvième siècle.

Pourtant, la sexualité féminine comme lieu du répressif donne à réfléchir. Si elle n'est qu'une sorte de non-virtualité selon le modèle masculin, pourquoi ces efforts acharnés pour la réduire à son degré zéro?

Précisément parce que, comme le souligne Irigaray, la sexualité féminine fait peur par son caractère non-unifié:

> La femme « se touche » tout le temps, sans que l'on puisse d'ailleurs le lui interdire, car son sexe est fait de deux lèvres, qui s'embrassent continûment. Ainsi, en elle, elle est déjà deux-mais non-divisibles en un(e)s—qui s'affectent[9].

C'est-à-dire que son sexe, qui n'en est pas un, est composé de plusieurs éléments différents: ainsi sa jouissance est-elle interminable, ininterrompue. De plus, sa sexualité témoigne de son inclusivité: « Le plaisir de la femme n'a pas à choisir entre activité clitoridienne et passivité vaginale, par exemple. Le plaisir de la caresse vaginale n'a pas à se substituer à celui de la caresse clitoridienne. Ils concourent l'un et l'autre de manière irremplaçable à la jouissance de la femme » (*ibid.*, p. 27). Autrement dit, la femme n'a pas à choisir entre l'orgasme clitoridien ou vaginal comme l'affirmait Freud, mais elle peut jouir des deux à la fois.

Il suffit ici de mentionner Valérie Marneffe, Thérèse Raquin et Salammbô comme porteuses d'une sexualité bestiale et débridée qui fait preuve de cette sexualité inclusive et non-unifiée qui fait peur. Telle qu'elle est évoquée dans les travaux de Naomi Schor et de Nina Auerbach, cette vision presque satanique de la sexualité féminine offre une image spéculaire d'une représentation traditionnellement associée au féminin, caractérisée par ses traits répressifs et régressifs. D'où les efforts sociaux rigoureux pour supprimer cette sexualité en la réduisant à son caractère monolithiquement unifié, analogue au phallus[10]. Contenir la sexualité féminine implique de la re-présenter sous une forme qui soit plus acceptable—le négatif de ce qu'est la sexualité masculine.

Chapitre I

La Prostitution ou cette triste réalité du corps

LE PERSONNAGE DE LA PROSTITUÉE est l'un des plus représentés dans la littérature depuis l'antiquité jusqu'aux temps modernes. Trouvant sa première incarnation dans le personnage mythique d'Eve, la séductrice primordiale, la représentation de la prostituée a subi des modifications. Ses premières évocations ont plutôt souligné le côté séducteur du personnage, que ce soient les Dalila des temps bibliques ou les Manon du dix-huitième siècle. Pourtant, le dix-neuvième siècle a témoigné d'un changement d'optique. Le primat de l'art de séduire a été déplacé, pour ainsi dire, en faveur des qualités infernales, diaboliques, incarnées par Valérie Marneffe dans *La Cousine Bette* et, plus tard, par Nana qui est d'ailleurs modelée sur Valérie. La prostituée a été présentée sous l'aspect d'une Messaline qui corrompt et ruine l'homme par sa sexualité dégradée. Figure ambivalente, suscitant, à la fois, l'horreur et la fascination, la prostituée continue toutefois d'exister comme fabrication de la psyché masculine, comme fantasme de la perception masculine. La prostituée, qui est censée être libre, ne peut exister hors du moule masculin qui la façonne. Témoignant d'une sensualité apparemment sans frein, d'une libre expression de son corps, elle se trouve néanmoins vouée à des problèmes complexes. Sans aucun moyen de se définir hors des paramètres masculins, elle devient une abstraction, un concept. Cette décorporéisation réduit le corps à son degré zéro et mène à de graves problèmes psychologiques, à cette « triste réalité »[1] qu'évoque Balzac dans *La Cousine Bette* et que j'analyserai dans cette partie de l'étude.

Quelle est l'image de la prostituée telle qu'elle se dégage de *La Cousine Bette?* Une première lecture du roman met en évidence l'image terrifiante de la prostituée, incarnée par le personnage de Valérie Marneffe, femme fatale par excellence. Balzac apporte ici une nouvelle dimension à la représentation de la prostituée avec l'introduction de la femme prostituée mariée. Modèle même de la perversité féminine poussée à son extrême:

> Madame Marneffe est donc en quelque sorte le type de ces ambitieuses courtisanes mariées qui, de prime d'abord, acceptent la dépravation dans toutes ses conséquences, et qui sont décidées à faire fortune en s'amusant sans scrupule sur les moyens. . . . Ces Machiavels en jupon sont les femmes les plus dangereuses, et, de toutes les mauvaises espèces de Parisiennes, c'est la pire. (p. 129)

Le rôle de ce Machiavel au féminin consistera dans l'élaboration d'un système de ruses et de machinations pour empêtrer ses victimes afin de pouvoir « faire fortune en s'amusant ». Eve moderne, d'autres descriptions accentuent les côtés négatifs de sa personnalité. Crével la décrit comme « une anguille qui vous coule entre les mains » (p. 174) et, plus loin, le narrateur dit: « Valérie fut plus qu'une femme, elle fut le serpent fait femme » (p. 199). Cela implique que, non seulement elle caractérise « l'essence » même de la femme, où le terme essence a des connotations péjoratives, mais, pire, cette fille de Satan est presque une sur-femme. La « sur-femme » ne se contente pas d'une simple identification au serpent, mais elle en devient l'incarnation même. Ici, il n'est pas question d'un pacte conclu avec le serpent pour victimiser l'Autre, mais il s'agit plutôt d'une introjection du serpent lui-même, avec ses dimensions diaboliques, pour constituer sa propre image: une sorte de constitution de soi par appropriation où l'objet introjecté devient le nouvel idéal du moi. Cette citation en témoigne: « Valérie s'était admirablement approprié le baron Hulot, elle l'avait obligé à vieillir par une de ces flatteries fines qui peuvent servir à peindre l'esprit diabolique de ces sortes de femmes » (p. 133).

Valérie évoque ainsi le personnage de la femme fatale avec ses pouvoirs castrateurs, femme « à la beauté voratrice et à l'animalité qui tue »[2], comme le souligne justement Czyba. La femme fatale tire sa puissance de son corps traité comme lieu du péché et de l'infernal. Son corps fascine parce qu'il est lié au mal et tout le plaisir qu'il suscite devient une sorte de plaisir interdit. La femme incarne donc le vice et devient le symbole même de la perversité: « Il y arriva un de ces événements qui stimulent chez les femmes comme madame Marneffe l'énergie du vice en les obligeant à déployer toutes les ressources de la perversité . . . (elles) se défendent à l'aide du vice » (p. 150). Plus loin Lisbeth Fischer la décrit comme « une créature d'une dépravation sans bornes » (p. 145). Dans une autre évocation, le narrateur la décrit ainsi: « Dalila, c'est la passion qui ruine tout. » On trouve donc chez Valérie la cristallisation de toutes les forces féminines les plus maléfiques qui mènent à la ruine:

> Mais la doucereuse honnêteté, mais les semblants de vertu, mais les façons hypocrites d'une femme mariée qui ne laisse jamais voir que les besoins vulgaires d'un ménage et qui se refuse en apparence aux folies entraîne à des ruines sans éclats. (p. 129)

La femme est dangereuse, énigmatique, non seulement parce qu'elle incarne le serpent qui avale et tue, et que cette force voratrice va de pair avec une sensualité brute, mais, et surtout, parce que tout chez elle devient dissimulation, fausse apparence. Elle travaille dans la mascarade, dans la manœuvre, parce que comme le narrateur semble le suggérer, c'est la seule voie qui lui est ouverte: « Grâce à ces manœuvres sentimentales, romanesques et romantiques, Valérie obtint sans avoir rien promis la place de sous chef . . . » (p. 84).

Tout d'abord, la femme prostituée fait une mascarade de son identité. Exclue des possibilités de s'affirmer, elle doit se contenter d'une fausse identité, d'une identité qui n'est pas la sienne, justement parce qu'elle se modèle par appropriation. Son identité n'est pas « authentique » dans la mesure où elle est conférée par l'Autre et repose, comme le dit Lacan, sur un mirage ou une méconnaissance. Cette identité illusoire rappelle celle du stade du miroir évoqué dans les *Ecrits* où l'enfant s'aperçoit dans le reflet du miroir pour la première fois. Mais ce reflet ne représente qu'une image, qu'une apparence et non pas un être réel. Autrement dit, ce que voit l'enfant, c'est *une image* de sa personne. L'image reste extérieure à son être et se produit comme « une vision » ou comme une hallucination. L'enfant introjecte cette image, il s'identifie à une image qui n'est pas la sienne pour constituer, par là, sa propre réalité. Le Moi est donc constitué ou plutôt pour ainsi dire fabriqué. Il se constitue par l'introjection d'une réalité externe, autrement dit, par une réalité conférée. La notion d'inauthenticité me paraît tout à fait pertinente à l'analyse de la prostituée. Cette « inauthenticité » de l'identité mène à des expériences toutes aussi inauthentiques. D'où l'association de l'hypocrisie à la féminité. L'hypocrisie devient, pour Valérie, une arme pour équilibrer l'instabilité, la fragilité de son identité précaire:

> En présence du monde, elle offrait la réunion enchanteresse de la candeur pudique et rêveuse, de la décence irréprochable, et de l'esprit rehaussé par la gentillesse, par la grâce, par les manières de la créole; mais dans le tête-à-tête, elle dépassait les courtisanes, elle y était drôle, amusante, fertile en inventions nouvelles. Ce contraste plaît énormément à l'individu du genre Crevel, il est flatté d'être l'unique auteur de cette comédie, il la croit jouée à son seul profit, et il rit de cette délicieuse hypocrisie en admirant la comédienne. (p. 133)

Réduite au rôle de comédienne, la femme trouve sa spécificité dans le jeu. C'est par le jeu que se trouve démontrée la limitation de ses pouvoirs. C'est-à-dire que le jeu cantonne la femme dans un rôle bien codifié où elle doit plaire et amuser. L'art de plaire constitue un véritable métier, un artifice dont Valérie se sert pour accomplir ses projets. Elle « repasse ses attitudes dans la glace absolument comme une danseuse fait ses pliés » (p. 190). Elle se met dans une posture passive en s'offrant à être admirée, dorlotée. En se soumettant ainsi au regard masculin, elle cesse d'exister pour elle-même, parce que comme le fait remarquer Dardigna, son image devient corollaire du regard masculin[3]. Donc, quand elle se regarde dans le miroir, ce qu'elle voit n'est pas sa propre image mais plutôt une image médiatisée par le regard masculin et c'est dans cette image spéculaire qu'elle va trouver sa spécificité. Il s'agit alors d'une sorte de valorisation dans la négation. Cette notion de négation est importante à retenir dans l'analyse qui va suivre. Berger a très bien analysé la problématique de la femme qui se regarde dans un miroir et qui, ce faisant, devient victime d'un double regard[4]. Il souligne que l'identité féminine est divisée en deux parties—celle de surveillant qui constitue la partie masculine, et celle de surveillé (p. 46) qui est la contre-partie féminine. En se regardant pour examiner la perfection de son apparence physique, avec l'intention de plaire et de séduire l'Autre, la femme tombe dans le piège consistant à s'admirer comme spectacle, comme objet. Elle collabore avec sa clientèle masculine dans l'admiration de son corps, de sa personne. Elle s'identifie au masculin dans cette surveillance de son corps, cette participation au regard actif qui caractérise généralement le regard masculin. L'effet pervers du miroir est qu'il présente la femme qui se regarde, en train d'être regardée à deux niveaux—par l'homme, et, pire, par elle-même. Ainsi, le miroir porte sur une double déviation où la femme participe à sa propre dévalorisation[5]. L'art de paraître, obligeant la femme à faire une enquête sur sa propre féminité, la réduit à un objet exposé.

Le regard spéculaire enferme ainsi la femme dans la négation et en même temps porte sur le corps féminin proprement dit. Examinons en détail l'esthétique du corps féminin dans *La Cousine Bette*. Je précise que cette analyse porte uniquement sur le corps prostitué en prenant comme modèle Valérie Marneffe.

Balzac évoque la beauté du corps de la prostituée mis au service de la clientèle masculine:

> Ce soir-là, par un de ces bonheurs qui n'arrivent qu'aux jolies femmes, Valérie était délicieusement mise. Sa blanche poitrine étincelait serrée dans une guipure dont les tons roux faisaient valoir le satin mat de ces belles épaules des Parisiennes, qui savent (par quels procédés, on l'ignore!) avoir de belles chairs et rester sveltes. Vêtue d'une robe de velours noir qui semblait à chaque instant près de quitter ses épaules, elle était coiffée en dentelle mêlée à des fleurs à grappes. Ses bras à la fois mignons et potelés, sortaient de manches à sabot fourrées de dentelles. Elle ressemblait à ces beaux fruits coquettement arrangés dans une belle assiette et qui donnent des démangeaisons à l'acier du couteau. (p. 152)

Cette description, si attirante qu'elle soit, témoigne néanmoins d'une certaine abstraction, où le corps cesse d'avoir une réalité physique et semble être figé dans un cadre bien précis. Le lecteur a l'impression qu'il assiste à l'évocation d'un tableau où le corps devient quelque chose à contempler. Par cette objectification, le corps semble être distancié et soumis à un système de signes[6]. Le corps féminin n'a pas de représentation dans sa totalité. Autrement dit, il n'a pas d'existence en soi et a besoin d'un système de signes qui supplée à sa valeur. Cela implique que le corps est amorphe et a besoin de la valorisation du signe pour s'affirmer. Baudrillard explique: « Or les signes sont là pour faire du corps, selon un long travail spécifique de sophistication, un objet parfait où ne transparaisse plus rien du procès de travail réel du corps (travail de l'inconscient ou travail physique et social): c'est ce long travail d'abstraction, c'est ce qu'elle nie et censure dans sa systématicité qui fait la fascination de cette beauté fétichisée » (p. 218).

Le corps se présente comme béance, comme ce « rien à voir » qu'il faut camoufler pour qu'il trouve sa spécificité. Le signe va créer le mirage, l'apparence de la chose manquante. Donc, ce que semble suggérer Baudrillard, c'est que c'est le signe qui fascine et qui vaut plus que le corps.

Le corps ne devient qu'un appendice du signe. C'est le signe qui prime tout, d'où l'importance accordée aux objets accessoires, comme le fard, les parfums, les bijoux, les robes extravagantes. Donc, ce qui séduit n'est pas le corps en soi, mais l'accessoire, l'artifice. En témoigne l'emploi que fait Valérie du parfum pour séduire:

> Elle avait du coin de l'œil et dans la glace espionné la physionomie de Montès, elle crut retrouver dans sa pâleur les indices de cette faiblesse qui livre ces hommes si forts à la fascination de la femme, elle le prit par la main en s'approchant assez près de lui pour qu'il pût respirer ces terribles parfums aimés dont se grisent les amoureux. . . . (p. 352)

Le parfum enivre et ainsi permet d'oublier la triste réalité ou plutôt la non-réalité du corps. Tout effort de la femme se concentre sur le camou-flage pour masquer le manque de son corps. Le corps est voilé, paré de l'artefact qui cache sa nudité/nullité. Ici, s'opère un renversement de la légende de la Méduse où la vue des organes génitaux féminins (ou plutôt la non-perception des organes, ce trou souligné par Freud) inspirait une terreur imputée à la castration. La puissance du corps féminin valorisée dans le mythe se trouve boulversée par le fait qu'il s'agit ici d'un mythe masculin destiné à réduire le corps féminin à son degré zéro. Cela consiste aussi en un mécanisme de défense où vêtir la femme implique le fait de couvrir ce trou et, par là, de minimiser la peur inspirée par ce manque.

Cette apparente défectuosité du corps féminin devient encore plus flagrante quand la femme est contrainte à s'inscrire directement dans le moule masculin qui nécessite qu'elle continue à « jouer à la femme ». Ce jeu comprend une féminité outrée, presque exagérée, destinée à attirer l'atten-tion, et par là, à satisfaire aux propensités voyeuristes de l'homme. Autre-ment dit, comme un personnage de théâtre, la femme est obligée de faire une pantomine de son corps. Joan Rivière a été la première à postuler la théorie de la mascarade et son rapport avec une féminité exagérée[7]. Elle maintient que la mascarade est une réaction à la nature bi-sexuelle de la femme quand elle s'approprie le regard masculin. La mascarade sert alors de prétexte, de sur-compensation pour ce que Rivière appelle ce vol de masculinité.

La femme est donc obligée d'adopter la mascarade pour produire une dramatisation de sa féminité. La mascarade consiste, comme le suggère Rivière, en une mise en scène du manque symbolisé par cette féminité excessive, presque ridicule. Mary Ann Doane offre un point de vue différent[8]. Pour elle, la mascarade est un masque que la femme peut porter ou enlever selon les exigences du temps. La mascarade devient un objet que la femme peut manipuler et qui peut lui permettre de prendre une certaine distance par rapport à cette féminité dévalorisante. Cette manipulation de la féminité est associée à la femme fatale qui personnifie le mal et le péché[9].

Ce déplacement du regard masculin par le jeu de la mascarade devient une menace. Valérie, porteuse de ce regard, est punie par la décomposition éventuelle de son corps. L'œil qui regarde est crevé pendant le processus de sa décomposition. Nous reviendrons sur ce point ultérieurement. Le baron Hulot admire « le mouvement onduleux de la robe (de Valérie) auquel elle imprimait une grâce peut-être exagérée » (p. 70). La féminité est un instrument qui sert à captiver:

> Le lendemain, Valérie se mit sous les armes en faisant une de ces toilettes que les Parisiennes inventent quand elles veulent jouir de tous leurs avantages. Elle s'étudia dans cette œuvre, comme un homme qui va se battre repasse ses feintes et ses rompus. Pas un pli, pas une ride. Valérie avait sa plus belle blancheur, sa mollesse, sa finesse. Enfin ses mouches attiraient insensiblement le regard. On croit les mouches du dix-huitième siècle perdues ou supprimées; on se trompe. Aujourd'hui les femmes, plus habiles que celles du temps passé, mendient le coup de lorgnette par d'audacieux stratagèmes . . . Ces sublimes efforts, ces Austerlitz de la Coquetterie ou de l'Amour deviennent alors des modes pour les sphères inférieures au moment où les heureuses créatrices en cherchent d'autres. Pour cette soirée où Valérie voulait réussir elle se posa trois mouches. (p. 189-90)

Il s'ensuit que la femme est toujours préoccupée de fabriquer, d'inventer des ruses pour procurer le plaisir. Sans machination, elle reste hors plaisir, c'est-à-dire incapable de donner du plaisir à autrui, parce que son corps traité comme une masse amorphe souffrira de pulsions non-représentables. Par « non-représentables » je fais référence aux pulsions qui n'ont pas de représentation dans l'imaginaire masculin de l'époque. Cela réduit le corps au niveau de la machine dont l'utilité dépend de la fabrication, de la production de la marchandise. La femme-prostituée se vend comme en témoigne cette remarque: « A Paris, une femme a résolu de faire métier et marchandise de sa beauté » (p. 169). La beauté n'a de valeur que si un prix lui est attaché. Ce prix est évidemment celui accordé par un homme et, comme le souligne Irigaray dans *Ce sexe qui n'en est pas un,* plus le corps a servi, plus il vaut. La valeur du corps vient de sa fonction utilitaire. Le baron Hulot parle avec le commissaire de police après s'être tiré d'une situation délicate: « Eh bien! monsieur, dit Hulot dont la figure décomposa, cette femme, c'est le libertinage en coupes réglées, je suis certain maintenant qu'elle a trois amants » (p. 122). Le commissaire conseille Hulot:

> Quand on fait ce métier-là, monsieur le baron, en équipages, dans les salons, ou dans son ménage, il ne s'agit plus de francs ni de centimes. Mademoiselle Esther, dont vous parlez, et qui s'est empoisonnée, a dévoré des millions ... Si vous m'en croyez, vous détellerez, monsieur le baron. Cette dernière partie vous coûtera cher ... Enfin, sans moi, la petite femme vous repinçait ... » (p. 243)

Je laisse de côté, pour le moment, cette notion de valorisation négative ou de dévalorisation de la femme par l'argent, pour examiner un autre exemple de la réduction de la femme au statut d'objet. Il est intéressant d'évoquer les différentes descriptions physiques de Valérie. Comme je l'ai déjà souligné, ces descriptions sont généralement associées à celles d'une peinture. Elle est figée soit dans une pose, (« toutes les femmes ont une attitude victorieuse, une pose étudiée, où elles se font irrésistiblement admirées » (p. 199), soit dans un tableau: «Valérie dormait dans une pose charmante. Elle était belle comme sont belles les femmes assez belles pour être belles en dormant. C'est l'art faisant invasion dans la nature, c'est enfin le tableau réalisé » (p. 259). Cette inscription du corps dans l'art le décorporalise, pour ainsi dire, afin de le réduire à une fonction purement ornementale. L'ornement désexualise le corps en le réduisant à un concept, en le vouant ainsi à l'immobilité, l'inertie traditionnellement associée au corps féminin. Le corps reste pétrifié dans le tableau et ne fait plus peur parce qu'il est incapable de mouvement, dépourvu de sexualité. Le corps dort .... Cette notion de pétrification du corps devient encore plus évidente quand il est question de sculpture: « Madame est la chose à sculpter, réplique Claude Vignon, en jetant un regard fin à Valérie » (p. 197). Valérie devient un objet à sculpter qui se met entre les mains du vrai sculpteur Steinbock pour être modelée et façonnée à sa guise, pour constituer par là une réplique, une copie. Sans aucune définition de soi à proposer, la femme existera toujours comme réplique, comme reproduction d'une définition proposée par l'ordre dominant. La réplique porte sur la négation parce qu'elle crée l'illusion de la présence de l'objet.

L'objectification de la femme en idole, en réplique, lui accorde une dimension très limitée. Le corps qui est objectifié dans le déni témoigne d'une absence, d'un creux. Pontalis, présentant le fétichisme, évoque la notion de fabrication du corps. Le fétichiste « fabrique son objet . . . à partir d'éléments prélevés dans, et valant pour ce qui signifie la puissance de l'autre »[10]. Le fétiche qui sert de compensation a la fonction de déplacer la valeur du corps en se posant comme substitut. Par ses pouvoirs substitutifs, le fétiche délégitime la pertinence du corps en l'accentuant comme objet de manque. Pontalis désigne l'objet fétichisé comme objet de perspective qui « tire le regard, sans les mots, et le porte au-delà, où à travers les apparences visuelles de l'objet, et qui est une pièce nécessaire comme le point de fuite dans la perspective picturale, ou comme les ensembles vides » (p. 38). C'est-à-dire que l'objet fétichisé « se produit » dans l'illusion, il se présente, pour ainsi dire, dans l'absence. La démarche fétichiste consiste donc à « montrer » le corps pour mieux le « nier ». Comme le souligne Smirnoff, « dans le fétichisme l'objet fétiche n'est plus qu'un complément détaché de tout objet humain et devient le but exclusif du sujet qui cherche à se posséder et à en jouir »[11]. C'est la dépersonnalisation du corps qui plaît. Il s'agit ici d'une opération qui marche à contre-sens, qui rappelle la pratique chinoise consistant à mutiler les pieds pour mieux les vénérer. De cette façon, la « vénération » du corps fétichisé vient du fait que le fétichisme crée l'impression d'avoir rempli le vide du corps en servant en quelque sorte de rideau de fumée.

Freud identifie le fétiche au manque primordial symbolisé par le phallus maternel. Le petit garçon accorde à sa mère le phallus qui lui manque pour parer à ses propres craintes de la castration. L'horreur de la non-perception du phallus féminin se trouve minimisée par ce « cadeau » offert à la mère. Pourtant, poursuit Smirnoff, cette croyance au phallicisme féminin est fondée sur une double démarche. Même si l'enfant y croit, il le nie en même temps. La castration féminine sert de garant à la « réalité » de son propre pénis, ce « tout à voir ». En même temps, il affirme la castration féminine en attribuant au fétiche la valeur du phallus manquant. L'enfant se trouve soulagé par la vue de son pénis. Il se tire d'une situation angoissante parce qu'il peut « montrer » sa différence. Le primat de la vue permet au fétichiste, par une sorte d'introjection visuelle, de restaurer son propre phallus. D'où la notion de « culte phallique » qui joue un rôle prépondérant dans la psyché masculine. Le culte du phallus qui a une fonction réparatrice pour l'homme, fait voir en contraste la « défectuosité » de la femme, chez qui il laisse cette envie du pénis tant convoité. Soulignons que dans l'envie du pénis, ce qui est désiré, ce n'est pas le « truc » en soi, mais plutôt, tous les attributs généralement associés avec la possession du pénis, une sorte de pénis idéalisé[12].

Pourtant, cette tentative échappe à la femme. L'envie du pénis l'oblige à se reconnaître comme châtrée ou inférieure tout en la mettant dans une position de dépendance. Valérie, malgré son apparente liberté, dépend de l'hommage masculin pour trouver sa raison d'être. Contrainte donc à refouler ses propres expériences et émotions au profit du plaisir de l'Autre, la femme est ainsi mise sur la voie de l'hystérie. L'hystérie, en tant que retour du refoulé, constitue pour la femme la seule façon de restituer son propre désir. Privée de toute représentation « authentique », la sexualité féminine se caractérisera donc par une mise en scène de cette hystérie. L'hystérie porte ainsi sur les facteurs régressifs et, comme le constate Aron[13], la prostituée devient le modèle de la régression par excellence[14].

Freud postule dans ses *Trois Essais:* « le féminin est donc ce qui a été renvoyé à soi-même par le processus de sa propre maturité, qui a été arrêté, exclu du développement final » (p. 76). Autrement dit, le corps prostitué est voué à régresser en une sexualité précoce, témoignant de traits de prématurité, caractérisée par des tendances orales et anales. Ces traits prédisposent le sujet à des réactions hystériques qui consistent en une sorte de manifestation de cette hystérie. L'hystérie, où la libido régresse à un point de gratification ou de fixation archaïque, sert de *catharsis*. L'hystérie constitue la quête nostalgique d'une sexualité perdue, ou plutôt réprimée.

Montrelay accentue le primat de la bouche dans l'élaboration de cette sexualité précoce: « Absorber, prendre, comprendre, c'est réduire le monde aux lois pulsionnelles les plus archaïques »[15]. La femme doit trouver sa spécificité dans une sexualité archaïque, d'où l'importance de l'oralité dans *La Cousine Bette,* où Valérie Marneffe est présentée comme mangeuse non seulement d'argent mais aussi d'hommes. Monsieur Marneffe, parlant de sa femme, dit: « Vous ne connaissez pas ma femme, elle a tout mangé » (p. 279), et, plus loin: « Elle mange dans de l'argent » (p. 313). La bouche, associée aux besoins les plus archaïques vient caractériser le côté oral de la sexualité féminine. L'oralité constitue le vecteur privilégié de la sexualité féminine et sert de compensation pour valoriser la notion de trou, cette béance, ce rien à voir.

La bouche absorbe, dévore et devient l'instrument de l'introjection par excellence. Objet passif et réceptif, elle est associée au vagin qui témoigne des mêmes qualités d'absorption. Analysons un peu plus en détail cette notion de l'oralité et son influence dans la psychologie féminine. Le primat du rapport mère-fille, le pré-œdipe, cette période d'attachement ambivalente à la mère a apporté de grandes modifications dans la théorie psychanalytique. Comparée à la découverte de la civilisation minéo-mycénienne, cette relation archaïque gravite autour du primat absolu de la mère. Le Nom de la Mère témoigne d'un certain rapport exclusif vis-à-vis de la fille, cette loi de la mère soulignée par Bachofen dans *Mutterecht und Urreligion*. Mais dès le début, la fille est frustrée dans son rapport avec la mère, parce que l'élaboration de son Œdipe nécessite son orientation vers un objet du sexe opposé. Le cordon ombilical se brise et, dès le départ, la fille est placée dans une position de dépendance vis-à-vis du père. La fille entre en contrat, pour ainsi dire, avec le père et ce contrat trouve sa légitimité dans le fait qu'il confère à l'image du Père le pouvoir symbolique de la loi et de l'autorité. Donc, l'oralité, pour la fille, porte sur les exemples de priva-tion—privation du rapport à la mère et privation d'une position satisfaisante vis-à-vis du père. L'oralité devient alors un effet de déni ou de manque; ainsi, le travail de la prostituée dans *La Cousine Bette* consistera en un effort pour délégitimer ce manque, pour remplir ce vide, parce que, comme le souligne Ménard, l'oralité « exhibe la nécessité pour une femme de symboliser autrement l'expérience de vide que requiert sa séparation d'avec le corps de sa mère »[16]. La femme, prise au dépourvu par cette séparation, cherchera une réparation, une compensation pour son manque. Séparée de la mère, elle est, par là, privée de la source fondamentale d'alimentation. Sa bouche reste vide et elle a toujours faim. Cela explique les aspects d'avidité dans *La Cousine Bette*. Valérie va chercher réparation pour une bouche obligée de rester vide, tout en y mettant un prix. L'argent va constituer pour elle un moyen de remplir la bouche, de la nourrir. Comme en témoigne cette citation:

> Madame Maneffe est cent fois plus rouée que Josepha . . .
> —Et avide! Elle me coûte cent quatre-vingt mille francs! . . . »
> s'écria Hulot. (p. 172)

La bouche se trouve valorisée par l'argent et il n'est donc pas surprenant de constater que l'oralité devient non seulement le leitmotiv du texte, mais surtout l'arme que Valérie va utiliser pour parvenir à ses fins. La mythologie antique et moderne accorde à la prostituée le statut de mère dévorante. Elle dévore ses clients pour satisfaire à ses besoins oraux. L'oralité porte donc sur les fantasmes de cannibalisme où il est question d'introjecter, de digérer pour affamer l'autre. Ainsi que Lucienne Frappier-Mazur le faisait remarquer dans son étude sur la métaphore dans *La Comédie Humaine*, le cannibalisme devient métaphore de la nourriture. Valérie tire sa subsistance de ses pouvoirs de succion. Comme l'exclame le fils du baron Hulot: « Cette madame Marneffe a fait, de mon père, son chien, elle dispose de sa fortune, de ses idées, et rien ne peut éclairer mon père » (p. 303). Plus loin: « Elle allait satisfaire cette curiosité, qui la poignait, d'étudier le charme que possédaient ces sortes de femmes, pour extraire tant d'or des gisements avares du sol parisien » (p. 310). Le cannibalisme a donc une fonction largement récupératrice: la proie une fois entre ses mains, Valérie la dévore et apaise ainsi sa faim. Elle « veut m'ôter le pain à la bouche » (p. 271), s'exclame le baron Hulot. Elle est décrite comme une tigresse: « Vous voulez que cette madame Marneffe abandonne la proie qu'elle a dans la gueule! et comment feriez-vous lâcher à un tigre son morceau de bœuf? » (p. 319). La proie une fois introjectée est assimilée par le moi et sert de garant, de protection contre de futures privations.

André Green lie la notion de cannibalisme à celle de maîtrise des situations[17]. Pour lui, le cannibalisme consiste en un effort pour usurper le pouvoir du père. Valérie veut ôter le pain à la bouche du baron Hulot et, par une relation presque vampirique avec lui, elle veut le vider de son autorité. Elle veut déplacer son pouvoir par l'incorporation de son pain, de son sexe, pour constituer l'image de la mère phallique qui contient en soi le pénis paternel. Ruth Mack Brunswick évoque le caractère puissant de la mère phallique qui est active et omnipotente[18]. La mère phallique non seulement conteste, mais aussi usurpe le pouvoir du père pour venger sa féminité blessée. Le phallicisme sert alors de subterfuge aux menaces de la castration. Il s'agit d'un renversement de la situation: d'abord castrée, la femme devient maintenant castratrice. La femme châtre par son sexe qui englobe, qui absorbe, et vide, pour ainsi dire, la puissance masculine: « Il s'agit d'exprimer la puissance de la femme. Samson n'est rien, là, C'est le cadavre de la force. Dalila, c'est la passion qui ruine tout » (p. 197). La femme reconnaît sa valeur dans sa sexualité qui fait peur à cause de son caractère inclusif: « Les femmes connaissent si bien leur puissance en ce moment qu'elles y trouvent toujours ce qu'on peut appeler le regain du rendez-vous » (p. 351). Plus sa sexualité fait peur, plus elle vaut. On a l'impression que la femme se rétablit dans la sexualité.

Pourtant, cette impression repose sur un trompe-l'œil. L'ordre dominant voudrait contenir la femme dans sa différence en avortant tout effort d'affirmation. Bien que « Valérie essaie de manger Crevel . . . elle ne pourra que le grignoter » (p. 291). La valeur attribuée au corps féminin dans la prostitution est plutôt un travail masculin qui vise à déconstruire le corps à travers sa sexualité, à le déposséder de son identité pour minimiser la peur qu'il inspire. Cette dépossession du corps s'effectue par sa réduction à une commodité, où la présence du corps se trouve remplacée par une valeur, un chiffre: « Elle vaut ce qu'elle vaut, dit la Nourisson. Suffit qu'il y a marchand » (p. 345).

La femme trouve sa spécificité comme objet de marchandise qui circule entre les mains de l'homme. Comme s'exclame Valérie elle-même: « Toujours des marchés! les bourgeois n'apprendront jamais à donner! Vous voulez faire des relais d'amour dans la vie avec des inscriptions de rentes? » (p. 166). L'inscription de la femme dans l'ordre économique la met dans une position dévalorisante. Dardigna le dit très justement: « La femme devenue monnaie métaphorise à merveille ce qu'est un objet dont on peut remettre la consommation à plus tard, et dont chaque homme maîtrise le désir »[19]. La femme est un bien achetable. Elle est obligée de faire un pacte avec l'homme. Sa valeur se traduit en termes de paiement, comme nous pouvons le voir ici:

> Orosmane Crevel avait un marché ferme avec Mademoiselle Héloise; elle lui devait pour cinq cents francs de bonheur, tous les mois, sans reports. Crevel payait d'ailleurs son dîner et tous les extras. Ce contrat à primes, car il faisait beaucoup de présents, paraissait économique à l'ex-amant de la célèbre cantatrice. (p. 101)

La femme comme objet de consommation circule sur le marché pour s'offrir comme objet à posséder parce que c'est sur le marché qu'elle trouve son indemnité. La femme vaut parce qu'elle est achetable (curieuse contradiction!). Sa valeur est toujours posée en termes de rentes. « Combien vaut-elle? demande Jenny Cadine, tout bas à Carabine—Un héritage » (p. 337). Ou encore: « Une femme de cette beauté-là, ça vaut un équipage » (p. 345).

La femme qui circule s'offre comme objet d'échange. Il s'agit alors d'une sorte de marché entre les hommes pour obtenir la femme-objet, marché où le plus offrant sera gagnant:

Crevel se promenait de long en large, comme un furieux dans son salon.

—Il doit tenir à cette femme-là? demande-t-il après un moment pendant lequel son désir ainsi fouetté par Lisbeth devint une espèce de rage.

—Oh! la bonne farce! s'écria Crevel, si j'arrivais avant lui. (p. 105-06)

L'échange qui dévalorise la femme en la réduisant à un signe, à une fonction, soutient, par contre, la psyché masculine qui voit sa propre valeur refletée dans le prix accordé à la femme. Ce qui vaut donc, c'est la rentabilité du signe plutôt que la femme en tant que telle. La femme traitée comme abstraction ne figure que comme un pion qui assure la circulation de la marchandise. C'est le système en général qui prime et non pas chaque femme traitée comme entité indépendante. La femme, en plein milieu du système, n'a qu'une valeur substitutive. Valérie, furieuse d'apprendre les vraies intentions de Crevel riposte: « Un boutiquier qui achète une femme pour se venger d'un homme est au-dessous, dans mon estime, de celui qui l'achète par amour. Vous n'étiez pas épris de moi, vous avez vu en moi la maîtresse de monsieur Hulot, et vous m'avez acquise comme on achète un pistolet pour tuer son adversaire » (p. 165). Crevel s'intéresse à Valérie, non pas parce qu'il l'aime, mais pour la valeur qu'elle représente pour rehausser sa propre estime.

Il y a un aspect intéressant dans cette notion de circulation. La femme circule et par là, elle est insaisissable. Elle devient une énigme: « La femme, dit Hulot, est un être inexplicable » (p. 174). Cette évocation témoigne d'une certaine dévalorisation de la femme. La femme est inexplicable parce qu'elle n'a aucune définition de soi à proposer. Sa posture ambivalente témoigne d'un rejet de l'origine qui nie toute possibilité d'identité. Elle se place déjà dans ce non-lieu où elle flotte comme un rêve ou une ombre, ou plus précisément où « elle vous coule entre les mains » (p. 174)[20]. Cette identité flottante ne trouve sa fixité qu'à travers une perspective masculine, une identité conférée par l'Autre. L'homme, toujours séduit par cette énigme de la femme qui néanmoins présente une façade menaçante par son caractère indéfinissable, diffus, va évidemment proposer une définition peu flatteuse. « Valérie fut plus qu'une femme, elle fut le serpent fait femme » (p. 199).

L'homme s'assurera de la fixité de cette identité flottante justement par ses prétendus droits de possession qui ont pour effet d'immobiliser la femme. Crevel se « flattait d'avoir trouvé le moyen de posséder à lui seul Valérie » (p. 175). L'amant brésilien de Valérie se vante, « Si je me redonne une Française, je la veux toute à moi, reprit le Brésilien. Je vous en préviens, mademoiselle, je suis un roi, mais pas un roi constitutionnel, je suis czar; j'ai acheté tous mes sujets, et personne ne sort de mon royaume » (p. 346).

La femme est censée trouver sa propre identité dans le contrat de possession parce que, comme le suggère Lacan, le moi n'a pas d'existence en dehors de cette identification spéculaire: « C'est dans l'autre que le sujet s'identifie et s'éprouve tout d'abord »[21]. Le contrat tire son effet du fait qu'il confère le pouvoir à l'homme qui dicte, tandis que la femme doit remodeler ses propres expériences, ses propres émotions pour plaire au goût masculin en reconnaissance de cette identité conférée. Cela rappelle la notion du « désir du même » évoquée par Irigaray dans *Speculum* où l'homme projette sur la femme son désir de reproduction de lui-même: il voit dans la femme son propre reflet, une sorte d'image spéculaire de sa propre masculinité. Donc, non seulement la femme constitue l'autre, l'altérité, comme le soulignait déjà Simone de Beauvoir, mais plus spécifiquement elle constitue l'Autre de l'homme, c'est-à-dire son côté négatif, son image spéculaire. De cette façon, la femme est privée de toute représentation. Elle ne trouve sa spécificité que si elle est réduite à une fonction. La sexualité de la prostituée se re-présente alors dans la fonction.

Comme je l'ai déjà souligné, cette fonction s'exprime dans la notion de fabrication, de production. Freud, dans *La Vie Sexuelle*[22], lie la fabrication à la fonction anale. Non seulement la prostituée absorbe, dévore, mais, contrainte à fabriquer le plaisir, le désir, elle expulse. Toujours obsédée par l'idée de rendre, comme le souligne Parent-Duchâtelet dans son étude monumentale sur la prostitution, l'analité caractérise beaucoup de prostituées. La production, le rendement sont liés aux fèces. Le plaisir que produit la prostituée se traduit en termes de fèces, exactement comme ce « cadeau-fèces » que l'enfant offre à la mère pour lui plaire. L'équation fèces = cadeau = plaisir se traduit en termes de paiement, où, comme le fait remarquer Lebel[23], l'argent a une fonction presque fantasmatique. Il symbolise non seulement le flux excrémentiel, mais, comme les fèces, il devient un objet de désir et de répulsion. Lebel souligne que, par son statut ambivalent, il représente le phallus féminin qui supplée la valeur du corps féminin. L'argent-fèces remplit le creux, bouche le trou, pour ainsi dire, pour constituer par là l'expression parfaite du corps féminin.

L'idée de fèces joue un rôle primordial dans la représentation de la prostituée au dix-neuvième siècle. Elle introduit dans la prostitution cette notion d'ordure et de puanteur. Le corps prostitué associé aux fèces est souillé et, par là, il constitue un « objet d'horreur » (p. 362) et de répulsion. Toutefois, il fascine parce qu'il satisfait à cette obsession de la putréfaction, cette exaltation fétichiste de l'excrément. Il n'est pas surprenant que l'introjection orale du sérum mène à une mort qui figure la décomposition totale du corps. Comme les fèces, le corps est réduit à « un tas de boue » (p. 361) sans aucune forme reconnaissable. Cela symbolise le sort auquel la prostituée est vouée. Sans aucune représentation de soi, elle reste amorphe, hors reconnaissance: « Plus rien! se dit Lisbeth épouvantée. Je ne reconnais ni ses yeux, ni sa bouche! Il ne reste pas un seul trait d'elle » (p. 361). Le corps perd sa substance corporelle dans une sexualité reconnue comme dangereuse. Si la bouche est présentée comme organe de plaisir, elle devient en même temps organe de mort. La mort constitue une façon de « contenir » la sexualité féminine en servant de punition: « La pauvre créature, qui, dit-on, était jolie, est *bien punie par où elle a péché,* car elle est aujourd'hui d'une ignoble laideur, si toutefois elle est quelque chose » (p. 358).

La décomposition de la bouche rend la femme affamée, la prive de sa subsistance, et la réduit ainsi à cette béance, ce rien à voir. La mort sert alors de réprimande (c'est là, bien sûr, une mort orchestrée par l'homme) à une sexualité débridée. La femme-serpent perd ses pouvoirs de succion pour être sucée, à son tour, par une maladie qui la dévore, en soutenant ainsi la psyché masculine qui se débarasse d'une source de gêne et d'angoisse.

La première partie de cette étude a introduit la notion de souillure et de putréfaction dans la prostitution par la décomposition totale du corps en masse amorphe, à ce « tas de boue » (p. 361) qu'évoque Valérie Marneffe[24]. Si *La Cousine Bette* a mis en évidence la désintégration du corps par une sexualité en apparence débridée, *Splendeurs et Misères des Courtisanes,* par contre, va explorer le problème de la consommation de l'esprit à travers quelques désordres mentaux comme l'hystérie et son association à la culpabilité et à la honte excessive. Cette partie étudiera le rôle que jouent ces maladies dans l'esthétique du corps sexué féminin traité comme lieu du régressif[25], et son influence sur la psychologie de la femme-prostituée.

Récapitulons un peu ici cette idée de la décomposition associée à la prostitution. Balzac constate que, « le conseil municipal n'a pu rien faire encore pour laver cette grande léproserie, car la prostitution a, depuis longtemps, établi là son quartier général. Peut-être est-ce un bonheur pour le monde parisien que de laisser à ces ruelles leur aspect ordurier »[26]. Cette comparaison de la prostitution avec la lèpre me paraît tout à fait pertinente. La lèpre mène à la défiguration des membres corporels, à une dislocation ou plutôt à une dépersonnalisation. Le bras se détache du corps, les muscles s'atrophient, la voix se déshumanise. Le corps démembré présente un aspect confus, méconnaissable, indistinct, tout comme l'état du corps prostitué évoqué par le narrateur dans *Splendeurs et Misères des Courtisanes*. Il souligne ces « voix sans corps, formes à peine distinguables » (p. 63) et continue avec une description détaillée de l'atmosphère créée par les conditions de la prostitution:

> En y passant pendant la journée, on ne peut se figurer ce que toutes ces rues deviennent à la nuit; elles sont sillonnées par des êtres bizarres qui ne sont d'aucun monde; des formes à demi nues et blanches meublent les murs, l'ombre est animée. Il se coule entre la muraille et le passant des toilettes qui marchent, et qui parlent. Certaines portes entrebaillées se mettent à rire aux éclats. Il tombe dans l'oreille de ces paroles que Rabelais prétend s'être gelées et qui fondent. . . . Le bruit n'est pas vague, il signifie quelque chose; quand il est rauque, c'est une voix; mais s'il ressemble à un chant, il n'a plus rien d'humain, il approche du sifflement. . . . Enfin les talons de botte ont je ne sais quoi de provoquant et de moqueur. Cet ensemble de choses donne le vertige. (p. 63)

Cette description donne le vertige à cause de son aspect largement impersonnel. L'anonymat est suggéré par ces voix qui n'appartiennent à personne, ces ombres et ces silhouettes qui se dissolvent. La voix, signifié privilégié de l'instance humaine, perd sa qualité humaine pour ressembler à quelque chose qui « approche du sifflement » (p. 63). Cette déshumanisation du décor s'accompagne de qualités grotesques; ainsi, dès le début du roman, le corps prostitué est associé au grotesque, au difforme. Cette difformité du corps s'effectue par le fait qu'il est hors représentation. Le grotesque est associé à cette notion de la non-représentativité du corps prostitué, à ce corps qui est « sous »-réel, ou plutôt qui se situe au-delà des limites du réel, en une sorte d'irréalité, d'abstraction.

Commentons un peu plus cette inscription du corps prostitué dans le grotesque[27]. La non-représentativité du corps prostitué provient de la confusion des formes, du mélange de traits, mi-humains, mi-bruts. Cette évocation est digne d'un tableau réaliste et pourrait s'intituler « Les Damnées » ou plus précisément « Les Possédées ». Pourquoi cette référence à un tableau réaliste? Précisément parce que le grotesque, selon les paramètres réalistes, consiste en cette sorte de mise en évidence de l'abîme, du gouffre, par cette « humanisation » du monstrueux. La prostituée devient le modèle même du monstrueux et la prostitution est associée à un monde atroce[28]. La prostitution se situe dans un monde sous-terrain, en dessous de l'ordre humain et elle évoque l'enfer et ses permutations diaboliques. Le passage cité crée bien cette atmosphère infernale par ces références aux ténèbres, à l'ombre, à ces contours vagues et disparates qui coulent parmi les passages obscurs. Ce monde est peuplé par le diable qui semble avoir approprié ou possédé les corps de ces damnées que constituent les prostituées. Cette appropriation du corps par le diable renforce ces qualités grotesques, monstrueuses, où la voix ressemble au sifflement du serpent, où le corps ondule. De cette façon, la prostituée devient un déguisement du diable et témoigne ainsi de ses pouvoirs sinistres et diaboliques. Le tableau balzacien présente donc cette vision cauchemardesque de la sexualité féminine et ses rapports avec le monde souterrain. La femme sexuée devient l'incarnation du diable qui exerce ses pouvoirs magiques pour ensorceler l'homme et, par là, le ruiner. Ainsi, le grotesque dans son association avec la prostitution ouvre la voie à un monde chaotique, ponctué par ses qualités dépravées, abominables, démoniaques. Le tableau souligne bien cette dépossession du corps par le contact avec le diable et accentue cette aliénation qu'éprouve la femme vis-à-vis de son corps, d'elle-même. Cette perception aliénante du corps qui accentue sa difformité physique mène à une déformation plus spécifiquement psychique. Quels sont les processus en jeu dans cette déformation et quelle emprise ont-ils sur la psychologie du comportement de la prostituée?

Le détachement des différentes parties du corps joue un rôle primordial dans l'esthétique du corps prostitué parce qu'il remonte à une scission plus archaïque. Le premier exemple de cette scission a ses racines dans la séparation prématurée d'avec la mère nécessitée par l'évolution vers l'Œdipe et ses permutations. Frustrée des possibilités de se compléter avec l'image de la mère, d'établir une identification narcissique dans ce corps-à-corps avec elle, la petite fille y éprouve sa première castration. Adler a été le premier à lancer la théorie du complexe d'infériorité chez la petite fille. Il postula que ce complexe trouvait des racines dans la perception de l'organe masculin par la fille qui était donc obligée de se rendre compte de son propre manque par la non-possession du pénis. La non-perception de son pénis a obligé la fille à se considérer comme châtrée, inférieure au petit garçon, qui, seul, possédait ce tout-à-voir. Pourtant, je pense que ses sentiments d'infériorité remontent à une source plus archaïque qui précède la perception de la différence sexuelle proprement dite. Ils proviennent du choc post-natal de la séparation ombilicale brusque d'avec la mère qui a rendu la fille consciente de sa défectuosité, de son statut incomplet. L'angoisse de castration résulte donc de cette perception du corps considéré comme objet sous-développé, qui ressemble au fœtus qu'un avortement aurait expulsé du ventre de la mère. Le corps mal-formé ne témoigne d'aucune cohésion physique et devient une série d'appendices. Je précise que les sentiments d'infériorité les plus fondamentaux résultent, non pas de la primauté du pénis, mais de la perception ou plutôt de la non-perception de son propre corps. Elle se sent châtrée, morcelée, par le dérèglement du corps. L'envie du pénis, quand ou s'il existe chez la fille, résulte du caractère unifié et monolithique du pénis et non pas de ses prétendues qualités proprement viriles ou supérieures. Cette envie ne fait que renforcer le complexe d'infériorité qui préexiste chez la fille lors de sa séparation d'avec sa mère et de son inscription dans l'ordre masculin.

Le corps féminin témoigne d'un manque parce qu'il est divisé, morcelé, hystérique. L'hystérie qui provient de cette fragmentation du corps a une origine matricielle et devient une manifestation de cette séparation d'avec la mère. L'hystérique, selon Freud, est créé dans la scission, dans la séparation, où les termes division/séparation portent sur une double signification—d'une part, divison/séparation de la mère, et, de l'autre, division/ séparation de son propre corps. Comme le fait remarquer Lemoine-Luccioni: « Voilà la femme telle que nous l'avons décrite; toujours partagée toujours privée de la moitié d'elle-même, . . . orpheline de toute façon . . . vouée à un destin de partition »[29]. Autrement dit, la femme trouve sa spécificité dans la division. Elle est clivée, double, et c'est de ce dédoublement que provient le sens profond de son aliénation. Cette aliénation joue tout d'abord à deux niveaux—les sentiments d'aliénation vis-à-vis de son propre corps qui reste hors définition, et puis, aliénation comme réaction à cette coupure brutale d'avec la mère.

Belladona, d'une façon exemplaire, décrit le traumatisme hystérique chez les prostituées. Elle parle de ce « détachement de leur corps, coupure, étrangeté à leurs propres flux corporels de sang, de lait, de sexe, à la matière de leur procès de vie, et dans le vide de cet éparpillement de matières déconnectées, creusant la sublimation nostalgique des sensations perdues, le débranchement des organes éclatés que la jouissance ne peut plus traverser »[30]. L'hystérie, qui existe comme symptôme de ce processus de dédoublement, semble symboliser la raison d'être de la femme-prostituée[31]. Le narrateur balzacien souligne le problème lorsqu'il proclame: « L'individu prend un caractère indélébile. Il ne peut plus être ce qu'il est. De là, la science profonde du déguisement » (p. 438). Cette citation implique non seulement le jeu, la mascarade, mais elle soulève surtout la question d'une perte d'identité, une non-identité ou plutôt une identité flottante. Esther elle-même, précise ses craintes lorsqu'elle proclame: « Je ne sais pas ce que je suis » (p. 101). Comme l'actrice, la prostituée est obligée de jouer au théâtre et sa compétence vient de son aptitude à glisser d'une identité à l'autre. Le comportement d'Esther témoigne de ce changement: « Depuis trois jours, les manières d'Esther avec le baron de Nucingen avaient entièrement changé. Le singe était devenu chatte, et la chatte devenait femme. Esther versait sur ce vieillard des trésors d'affection, elle se faisait charmante » (p. 290). L'extrême mobilité du personnage vient de cette vie double, de cette existence schizophrène qu'elle est contrainte de mener. Aliénée, mise à distance de son corps, la prostituée semble pouvoir manipuler les différentes parties de son corps[32].

Chez la prostituée, c'est le visuel qui prime tout. La primauté du visuel est le point nodal autour duquel s'opère le décalage entre pensée et action, émotions et actions. Par exemple, Esther se voit jouer le faux rôle de maîtresse de Nucingen tout en voulant rester pure pour Lucien. La scission est née du conflit entre ses vraies émotions et le passage à l'acte de prostitution avec le baron. Le visuel détermine le comportement de la prostituée qu'il lance dans un véritable jeu de mascarade. La vie d'Esther témoigne de cette mascarade où elle est obligée de mener une existence double pour aider son amant Lucien. Malgré ses efforts pour se repentir et mener une vie vertueuse, elle doit vaciller entre son rôle de prostituée et celui de femme repentie. La citation suivante expose bien le dilemme d'Esther: « Elle crut à une transaction impossible: *rester pure*, et voir Lucien. . . . Elle câlina si bien le banquier que *La Torpille reparut* » (p. 214). Plus loin: « Eh! il m'ennuie, ce pot à millions! s'écria Esther *redevenue courtisane* » (p. 214). Comme le caméléon, elle est censée changer ses couleurs, son identité ou plutôt ses multiples identités pour constituer cette grande énigme, considérée comme l'essence même de la féminité.

Pourtant, ces métamorphoses perpétuelles, nécessitées par le jeu, ne s'effectuent pas sans complications. Il y a dans cette idée d'identités interchangeables quelque chose qui ressemble à une tentative de travailler dans le vide. Esther est mise dans une fausse position. Elle se trouve dans une posture aliénatoire parce qu'elle s'adapte mal aux rôles auxquels elle est destinée. Elle se sent mal à l'aise comme prostituée après sa période de repentir, et la non-consommation de l'amour pur éprouvé pour Lucien la prive du rôle idéal auquel chaque femme est censée aspirer—d'être épouse-fidèle de l'adoré! Cette dialectique prend la forme d'un véritable délire chez Esther où « la pauvre courtisane défendait sa vie en se défendant contre l'infidélité. Carlos appelait bégueulisme cette défense si naturelle » (p. 221). Le traumatisme psychique chez Esther qui cause son suicide réside dans l'aliénation produite comme conséquence de cette mal-adaptation à son milieu et aux multiples rôles qu'elle est contrainte d'y jouer. La citation suivante explique le drame d'Esther:

> En six semaines Esther devint la femme la plus spirituelle, la plus amusante, la plus belle et la plus élégante des Pariahs femelles qui composent la classe des femmes entrenues. Placées sur son vrai piédestal, elle savourait toutes les jouissances de vanité qui séduisent les femmes ordinaires, mais en femme qu'une pensée secrète mettait au-dessus de sa caste. Elle gardait en son cœur une image d'elle-même qui tout à la fois la faisait rougir et dont elle se glorifiait, et l'heure de son abdication était toujours présente à sa conscience. Aussi *vivait-elle comme double* en prenant son personnage en pitié. Ses sarcasmes se ressentaient de la disposition intérieure où la maintenait le profond mépris que l'ange d'amour, contenu dans la courtisane, portait à ce rôle infâme et odieux joué par le corps en présence de l'âme. A la fois le spectateur et l'acteur, le juge et le patient, elle réalisait l'admirable fiction des contes Arabes, où se trouve presque toujours un être sublime caché sous une enveloppe dégradée, et dont le type est sous le nom de Nabuchodonosor, dans le livre des livres, La Bible. (p. 253)

La femme se voit comme double et ce primat du visuel mène à un voyage introspectif. Cette tentative d'introspection consiste en un effort d'orchestrer les différentes parties du moi en un ensemble pour réaliser l'unification de son être. L'introspection mène à un repliement sur soi. Esther était « instruite à la méditation, à des retours sur elle-même depuis sa vie quasi-monastique » (p. 86). Cette absorption en soi mène à une déception parce qu'elle produit un autre cas de décalage—décalage entre ce qu'on est en réalité et ce que l'on voudrait être idéalement. Bien qu'Esther veuille savourer « les délices de la chasteté, les délicatesses de la pudeur, ces deux gloires de la jeune fille » (p. 70), elle reste pieds et poings liés dans ses efforts pour changer de conduite. Wurmser[33] souligne la tension qui résulte de cette dialectique et l'attribue au fait qu'il existe une distance entre les deux « réalités » du Moi, c'est-à-dire, le Moi tel qu'il existe et le Moi idéal. La tension accentue cette distance, cette scission.

La prostituée se mesure contre cette image idéale évoquée et c'est précisément de la non-réalisation de son idéal que vient sa profonde langueur: « Esther se leva pour aller au-devant de l'Espagnol par un mouvement qui montra combien elle avait peu de vie, et, disons-le, peu de goût pour la vie » (p. 86). Fatiguée de luttes inutiles, d'efforts avortés pour s'affirmer, elle sombre dans une « langueur dévorante » (p. 85) où elle fait son deuil d'une existence plus valorisante. Le deuil porte sur l'impasse: autrement dit, la prostituée se lamente sur son impuissance à transgresser les limites de son milieu qui la garde prisonnière de/dans son corps, de ses rôles prédéterminés. S. Felman compare le deuil à la folie[34]. Plus profondément que sur une douleur physique, le deuil porte sur une douleur morale. Nostalgie peut-être? Nostalgie pour ce paradis perdu, cet Eden partagé avec la mère. Comme en fait preuve cette citation: « Il existe en nous plusieurs mémoires: le corps, l'esprit ont chacun la leur: et la nostalgie, par exemple, est une maladie de la mémoire . . . » (p. 82). Esther garde une grande nostalgie pour la singularité de l'existence vécue avec la mère, dans cet amour pur et sublime entre mère/fille sans interventions extérieures, sans contamination. Le deuil mène au repliement dans un effort pour rattraper cette pureté perdue de l'enfance. Le prêtre Carlos Herrera et Esther discutent ainsi:

—N'avez-vous jamais rencontré par les rues, sur les boulevards une modeste et vertueuse jeune personne marchant en compagnie de sa mère?
Esther répond—
—Oh! oui, pour mon malheur. La vue d'une mère et de sa fille est un de nos plus grands supplices, elle réveille des remords cachés dans les replis de nos cœurs et qui nous dévorent! . . . Je ne sais que trop ce qui me manque. (p. 77)

Le repli sur soi constitue donc un mécanisme de défense pour surmonter ce manque parce qu'il mène à une régression, à une vie de recluse, où Esther pourrait revivre cette pureté archaïque et illusoire de jadis: « Depuis la scène dans son taudis, rue de Langlade, Esther avait complètement oublié son ancienne vie. Elle avait jusqu'alors vécu très vertueusement, cloîtrée dans sa passion » (p. 207). La période de repli sert d'antidote à cette intense période d'activité frénétique qui caractérise normalement la prostitution.

Le repli mène à une préoccupation pour le corps ou plutôt à une enquête sur le statut du corps. Le corps fait honte par son caractère non-viable. En réalité, il n'existe pas de corps en soi, mais une série d'organes détachés qui ont besoin de l'adresse du chirugien pour les rassembler et les modeler en une unité parfaite. Le corps d'Esther devient un objet maniable « car Esther possédait cette moyenne taille qui permet de faire d'une femme une sorte de joujou, de la prendre, quitter, reprendre et porter » (p. 79). Pourtant, cette notion du caractère non-unifié du corps féminin a une autre signification chez Irigaray qui parle de la multiplicité des organes génitaux féminins. Le primat du féminin provient de ce sexe qui n'en est pas un. Elle constate que « la femme n'a pas un sexe. . . . Sa sexualité, toujours au moins double, est encore plurielle »[35].

Il s'agirait donc ici d'une «génitalisation » du corps, pour emprunter l'expression de Cixous dans *La Jeune Née*. La prostituée échappe à la logique binaire de la sexualité féminine construite sur la dialectique clitoris/ vagin. Elle n'a pas à choisir entre ces deux organes à cause de la nature multi-dimensionnelle de sa sexualité. Ses organes sont partout. Cette sexualité « sauvage », presque omniprésente, fait peur parce qu'elle ne peut pas être apprivoisée. Elle témoigne d'une bestialité où ces filles de joie sont « sous ce rapport au-dessous de l'animal » (p. 74). Il serait intéressant ici de faire référence à l'image que présente la sexualité féminine dans *Thérèse Raquin*, comme preuve du caractère bestial de la femme sexuée. Thérèse

Corps infirme, corps infâme

renforce cette notion de la sexualité féminine considérée comme quelque chose d'énigmatique, même diabolique au dix-neuvième siècle, par sa présence envahissante. Elle est l'incarnation même de la sexualité. Sa sexualité a quelque chose de sinistre, de diabolique qui la rapproche d'une Messaline, de ces « damnées femelles » dont parle Balzac. Esther elle-même agit comme « une impériale Messaline » (p. 84). Et encore: « Implantée dans la corruption, elle s'y était développée. Sa patrie infernale exerçait encore son empire » (p. 84). Cette évocation de Messaline avec ses aspects diaboliques introduit dans la sexualité féminine la notion du péché. Le péché, et la culpabilité qui en résulte, témoignent d'un moyen de contenir la femme dans sa sexualité, de tenir en bride cette passion débridée.

Le péché et son association avec la sexualité féminine remonte aux temps bibliques. Eve est corrompue par sa sexualité en succombant aux tentations du diable. La femme trompe par son sexe ou plutôt par ses sexes. Elle est coupable d'avoir péché en pactisant avec le diable. Cette notion mène à une sorte d'osmose où la culpabilité, comme un cancer, se répand à tous les membres de son corps. Cela implique que la femme est née pure mais que c'est sa sexualité qui la dégrade. Esther se sent une créature salie par sa sexualité lorsqu'elle proclame: « Je ne suis plus maintenant qu'une infâme et immonde créature, une fille, une voleuse » (p. 224). Elle compare sa vie sexuée à une maladie quand elle dit:

> D'abord, je dois te dire que l'heure d'onze heures du lundi 13 mai n'est que la terminaison d'une longue maladie qui a commencé le jour où, sur la terrasse de Saint-Germain vous m'avez rejetée dans mon ancienne carrière . . . On a mal à l'âme comme on a mal au corps. Seulement l'âme ne peut pas se laisser bêtement souffrir le corps, le corps ne soutient pas l'âme comme l'âme soutient le corps, et l'âme a le moyen de se guérir dans la réflexion qui fait recourir au litre de charbon des couturières. (p. 369)

La maladie infecte le corps et le souille. Le corps se décorporéise davantage dans la souillure. La souillure joue un rôle instrumental dans l'élaboration de la culpabilité, qui apparaît comme réaction à cette sexualité impure. Comme le fait remarquer Dardigna, « toute femme est coupable: coupable d'avoir un sexe. D'autant plus coupable qu'elle trompe son monde en masquant cette sexualité, en prenant les apparences de la chasteté »[36]. Je laisse de côté, pour le moment, cette idée de l'apparence de la chasteté chez la femme pour développer cette notion de la sexualité féminine culpabilisée. Si la culpabilité devient le leitmotiv de la sexualité féminine, c'est parce que la femme hérite de sa culpabilité. Sa culpabilité est née au moment où elle se sépare de sa mère pour s'insérer dans l'ordre masculin qui accorde à sa sexualité une valeur négative, ambivalente. L'homme projette ses craintes au sujet de sa sexualité sur la femme, il l'emprisonne dans sa logique spéculaire, amoindrissant ainsi ses propres angoisses. Donc, la culpabilité féminine est ce que j'appellerai une culpabilité acquise parce qu'elle semble symboliser le sort auquel chaque femme est vouée au moment où elle se soumet à la loi du Père: « J'obéis avec cette soumission canine dont je fais profession » (p. 130) dit Esther.

Contrainte donc à endosser sa culpabilité, la femme prostituée intériorise ses réactions sous la forme d'un sentiment de dégoût éprouvé pour le corps devenu objet dégradé. Esther évoque ce dégoût quand elle dit qu'« il fallait ce dégoût pour trouver la mort adorable » (p. 368). Le dégoût mène au malheur où, une fois encore, la femme est obligée de se rendre compte de la défectuosité de son corps. Sa sexualité la cloue dans des sentiments d'infériorité vis-à-vis de son corps, vis-à-vis d'elle-même. Esther se plaint de sa cause perdue lorsqu'elle proclame: « Est-ce qu'une fille qui n'a reçu ni le baptême de l'Eglise, ni celui de la science . . . qui ne peut faire un pas sans que les pavés ne se lèvent pour l'accuser, remarquable seulement par le fugitif privilège d'une beauté que la maladie enlèvera demain peut-être, est-ce cette créature avilie, dégradée, et qui connaissait sa dégradation . . . est-ce la proie future du suicide et de l'enfer, qui pouvait être la femme de Lucien de Rubempré? » (p. 70-71).

Wurmser constate que ce mépris pour sa personnalité mène la femme à un état d'aliénation totale où le sujet se sent paralysé, gelé, fixe (p. 81). Esther reste pétrifiée dans son rôle de prostituée. La paralysie gagne ses membres, les immobilise, et elle reste là, inerte, incapable de mouvement, incapable d'agir. Le prêtre Carlos Herrera lui dit: « Vous êtes fille; vous resterez fille, vous mourrez fille; car, malgré les séduisantes théories des éleveurs de bêtes, on ne peut devenir ici-bas que ce qu'on est » (p. 101). Pourtant, il y a d'autres exemples de paralysie comme réaction à une image appauvrie de soi. Le premier et, je pense, le plus frappant qui me vient à l'esprit, est celui de Lélia, l'héroïne de George Sand[37]. Le personnage de Lélia ne correspond pas exactement à celui de la prostituée, mais je trouve son évocation indispensable à mon analyse pour montrer le sort de toute femme, qu'elle soit prostituée ou non, qui essaie de briser les conventions, les restrictions qui lui sont imposées, à elle et à sa sexualité. Lélia subit une paralysie corporelle issue d'une image appauvrie de soi. L'immobilité de son corps la place dans une position neutre par l'absence d'attribut sexuel, « cette idole aux flancs de marbre » (p. 324), cette « vierge de marbre » (p. 116). Femme de pierre, pétrifiée dans son phallicisme, Lélia a honte de cet état d'immobilité auquel elle est réduite. Par ses dimensions phalliques, son corps est soumis à l'état d'anesthésie, c'est-à-dire, de frigidité, le pivot de toute l'action du roman. La frigidité résulte donc de cette insuffisance du corps — un corps que la paralysie a mis dans un état d'anesthésie générale, hors plaisir, hors désir, inerte, passif. Lélia reste prisonnière de son phallicisme tout comme Esther reste prisonnière de son rôle social.

La paralysie d'Esther se concrétise dans des sentiments ambivalents à propos de son corps. Susan Miller lie la paralysie à la honte[38]. Non seulement la prostituée est coupable d'avoir un sexe, mais, pire, elle doit éprouver de la honte comme punition, réprimande pour ce sexe dégradé, défectueux, qui la torture, la fait souffrir. Esther « victime des dépravations parisiennes » (p. 67) évoque cette souffrance quand elle dit au prêtre: « Mon histoire est bien simple, je vivais dans le désordre où je suis née. J'étais la dernière des créatures et la plus infâme, maintenant je suis la plus malheureuse de toutes » (p. 68).

Par contre, Lélia essaie de maîtriser sa honte par le développement de ses facultés intellectuelles. Elle tente de compenser son manque par la puissance de l'intelligence. Comme elle l'explique: « Il arriva que mes facultés, renouvelées par le repos, se réveillèrent peu à peu et demandèrent impétueusement à s'exercer. En voulant l'abattre, j'avais relevé ma puissance » (p. 199). Elle trouve consolation dans « les amours de tête » (p. 249) parce que « les amours de tête conduisent à d'aussi grandes actions que les amours du cœur. Ils ont autant de violence, autant d'empire sinon autant de durée » (p. 249). L'extrême mobilité de l'esprit vient remplacer l'immobilité du corps. Les amours de tête, intellectualisés, spiritualisés, seront la revanche de Lélia qui refuse de se plier aux normes de la société. Pourtant, à la fin du roman, Lélia est peinte comme un être défaillant parce qu'elle n'a pas su se soumettre au vrai amour, parce qu'elle n'a pas été assez femme pour jouir de sa sexualité. En voulant rivaliser avec les hommes, en voulant obtenir une restitution contre les humiliations imposées par une société masculine, elle est obligée de se rendre compte de sa castration, parce que dans le rôle de « petit homme » qu'elle s'efforce de jouer, sa défectuosité devient encore plus flagrante, ainsi que le souligne B. Didier dans ses études sur *Lélia*.

Or, si Lélia essaie de neutraliser sa honte par le développement de son esprit, Esther va essayer de délégitimer sa honte en tentant de trouver une restitution dans cet amour pur qu'elle éprouve pour Lucien. La femme vénale est toujours jugée par sa sexualité. Sa sexualité fascine parce qu'elle est souillée, dégradée, défectueuse. La réduction de la femme à sa sexualité la met dans une position peu valorisante parce qu'elle la réduit à une dimension unique. Toujours identifiée à l'érotique, Esther va chercher dans l'amour une sublimation ou plutôt une spiritualisation de cette sexualité[39]. L'amour pour Esther va constituer un moyen de dépasser les limites imposées à sa sexualité par cette sorte « d'exaltation au-delà de l'érotisme » dont parle Kristeva[40]. Cette exaltation qu'éprouve Esther s'exprime bien dans la citation suivante:

> Elle était sous la voûte céleste des Amours, comme les madones de Raphaël sont sous leur oval filet d'or. Elle ne sentait point les coudoiements, la flamme de son regard partait par les deux trous du masque et se ralliait aux yeux de Lucien, enfin le frémissement de son corps semblait avoir pour principe le mouvement même de son ami. D'où vient cette flamme qui rayonne autour d'une femme amoureuse et qui la signale entre toutes? d'où vient cette légèreté de sylphide qui semble changer les lois de la pesanteur? Est-ce l'âme qui s'échappe? (p. 60)

L'amour mène à une légèreté qui libère le corps de sa pesanteur, du poids du péché pour le transformer en quelque chose de nouveau. Esther, amoureuse, ne se reconnaît plus. Comme elle le proclame: « L'amour était entré dans mon cœur, et m'avait si bien changée qu'en revenant du théâtre, je ne me reconnaissais plus moi-même » (p. 69). L'être se transforme par cette séparation du charnel et du spirituel, « dans une autre voie que celle de vos sales voluptés », dit le prêtre à Esther. Esther cherche une rédemption par l'exclusivité de son amour: « Elle avait aimé Lucien pendant six ans comme aiment les actrices et les courtisanes qui, roulées dans les fanges et les impuretés, ont soif des noblesses, des dévouements du véritable amour, et qui pratiquent alors l'exclusivité » (p. 203). L'amour expie, purifie, le corps de ses saletés. Kristeva évoque cette notion de récupération narcissique dans l'amour où le Moi se projette et se glorifie dans l'image idéalisée de l'Autre. L'amour prouve la justesse, pour ainsi dire, de la vie d'Esther, parce qu'il ressemble à cet amour pur éprouvé pour la mère.

Pourtant, pour Freud, cette identification amoureuse apparaît comme une folie. Kristeva, dans *Histoires d'Amour*, explique que l'identification amoureuse conduit à une introjection dans le moi d'un objet lui-même investi d'un caractère libidinal. Donc, cette identification porte sur l'abjection parce que l'amour pur comme tel n'existe pas, certainement pas pour la prostituée. L'amour pur est un mirage qui aliène chaque personne qui se croit ensorcelée. Le bonheur d'Esther est de courte durée parce qu'elle s'est fait des illusions à propos de la nature de son amour. L'amour ne sert plus de baume à son corps souillé, mais, au contraire, commence à ronger son cœur où il reste « les traces de la maladie » (p. 91). La maladie souille: « Mais voici le cancer qui lui rongeait le cœur. Elle s'était vue pendant cinq ans blanche comme un ange! Elle aimait, elle était heureuse, elle n'avait pas commis la moindre infidélité. Ce bel amour pur allait être sali . . . elle éprouvait un sentiment indéfinissable et d'une puissance infinie: de blanche, elle devenait noire; de pure, impure; de noble, ignoble. Hermine par sa propre volonté, la souillure morale ne lui semblait pas supportable » (p. 208). La souillure vient du fait que l'amour pur est, en fait, une déception. Cette déception est mise à nu quand le prêtre Carlos Herrera questionne Esther sur la nature de son amour:

> — L'absence vous tue?
> Pour toute réponse, Esther inclina la tête à la manière des malades qui sentent déjà l'air de la tombe.
> — Le revoir . . . dit-il
> — Ce serait vivre, répondit-elle.
> — Pensez-vous à lui d'âme seulement?
> — Ah! monsieur, l'amour ne se partage point.
> — Fille de la race maudite! j'ai fait tout pour te sauver, je te rends à ta destinée. (p. 86-87)

La spiritualité sert donc de substitut à la vraie nature de l'amour d'Esther. Elle est maudite dans la mesure où la société dicte qu'une prostituée ne peut pas connaître l'amour parce qu'elle est limitée à l'érotique, au charnel qui portent sur le péché. L'amour est infecté quand il entre en contact avec le corps souillé. Il est infecté quand il entre dans le corps corrompu. L'amour corrompu est donc le type d'amour qu'une prostituée est censée connaître. Carlos réprimande Esther pour la saleté de son amour lorsqu'il dit: « Oui, vous aimez pour vous et non pour lui, pour les plaisirs temporels, qui vous charment, et non pour l'amour en lui-même » (p. 70). Son amour est donc crucifié, pour utiliser un terme d'Andréas-Salomé dans *Amour*, ou plutôt interdit. L'objet interdit, explique Martinon est « toujours métonymique, impuissant à se transformer en une satisfaction totale et se soutient dans un ordre symbolique construit sur le vide, sur le manque, sur quelque chose d'indicible »[41]. Le vide figure dans ce non-lieu, dans cet interdit où se trouve la prostituée qui fera un dernier effort désespéré pour combler ce vide.

L'amour flirte, pour ainsi dire, avec Esther. Il lui tend un piège parce qu'il lui montre la vie telle qu'elle aurait pu être. Esther, souffrant du mal d'amour, demande au prêtre: « Pourquoi donc injuriez-vous mon bonheur? Ne puis-je aimer Lucien et pratiquer la vertu, que j'aime autant que je l'aime? . . . Ne vais-je pas expirer pour ces deux fanatismes, pour la vertu qui me rendait digne de lui, pour lui qui m'a jetée dans les bras de la vertu »? (p. 87). Le jeu de cache-cache que l'amour a joué avec Esther la mortifie parce qu'il lui révèle la nullité de sa propre existence. Sans accès à l'amour la vie est inutile et, donc, la non-effectuation de l'amour tue parce que l'amour est « une maladie mortelle » (p. 180). Le passage de l'amour qui a essayé de pénétrer le cœur d'Esther s'est trouvé bloqué. Au lieu de se répandre dans son sang, il s'est congelé dans son cœur, l'a fait éclater; cela fait preuve du danger que court toute femme qui essaie d'aller contre la nature qui lui est assignée. L'amour tue parce qu'il est un élément étranger qui comprime, qui entre dans le corps prostitué qui n'a pas assez de résistance pour la maîtriser. Le corps est faible parce qu'il est en train de se décomposer. L'esprit, lui aussi las, est en train de se défaire.

Dans ces conditions, le suicide d'Esther ne surprend pas. Elle renonce à la vie parce que, pour elle, il n'y a pas d'autre solution. La mort apparaît comme la seule façon de se libérer de cette existence qui lui pèse: « Finir dans la rue, elle se lève brusquement et dit: —Finir dans la rue? — non, plutôt finir dans la Seine » (p. 208). Le suicide témoigne donc d'un effort de renonciation. Ce renoncement témoigne des sentiments de lassitude qui résulte de la lutte contre une cause perdue dès le départ même. Le suicide semble, pour ainsi dire, mettre un terme à la nullité de l'existence. Cela résulte d'une introjection dans le corps de l'opinion courante publique[42]. Ce processus d'introjection mène aux sentiments d'insécurité et d'incertitude sur le sens de sa propre existence, de sa propre identité. Autrement dit, il met en question la raison d'être même de la

prostituée. Esther cherche à s'évader de cette existence injuste qui constitue
la grande comédie humaine. Le suicide comme antidote apparaît pour
Esther comme « la terminaison d'une aliénation mentale » (p. 395) et physique. Il met en évidence une façon de transcender la fragmentation de son
corps et de son esprit éprouvés ici-bas pour arriver à la plénitude de soi dans
l'au-delà. Le corps pourra rejoindre celui de la mère par qui il attend
patiemment d'être nourri. Cette fusion avec la mère servira de récompense
ultime pour toute une vie de misère et d'angoisse, que la fille a été contrainte
de mener. Les regrets d'Esther confirment bien cette notion. En parlant
du sort malheureux des prostituées, elle s'exclame: « Elles sont comme
moi . . . elles regrettent leurs vases obscurs. Ce mot est toute l'histoire
d'Esther » (p. 84).

Qu'on se garde de considérer le suicide d'Esther comme un acte de
lâcheté, comme le moyen d'évasion le plus sûr et le plus rapide. Par son
suicide, Esther fait une déclaration. Le suicide revendique les droits de
chaque femme, prostituée ou non, qui veut briser le moule masculin qui
l'emprisonne et l'empêche de s'affirmer. Le suicide devient une réaction
aux rôles limités désignés aux femmes pour les contenir, pour les tenir en
bride. Refusant de se soumettre aux préceptes de la société, Esther a résolu
de « mettre fin à mes jours plutôt que de retomber dans le vice et dans la vie
infâme » (p. 298). Esther devient, par son martyre, championne de la cause
des prostituées et des femmes qui cherchent la liberté parce qu'elle re-naît,
elle se donne une nouvelle vie, celle de « la femme pure, chaste, aimante »
(p. 295) en compagnie de la mère.

Quelles conclusions peut-on tirer de cette représentation de la prostituée dans *La Cousine Bette* et *Splendeurs et Misères des Courtisanes*? La
prostituée, dans les textes de Balzac, n'a aucune spécificité. Interdite au
plaisir, au désir, elle est, pour ainsi dire, cantonnée dans le privatif, dépourvue de toute possibilité de s'affirmer. Elle ne trouve à se définir qu'en se
conformant à la définition masculine qui dévalorise la femme dans sa
sexualité. Elle soutient le mythe masculin de la femme—un mythe qui ne
voit en elle qu'un être inférieur gouverné par ses sentiments, refusant toute
raison, une sorte d'hystérique en crise perpétuelle. A ce propos, les mots
du forçat Jacques Collin, alias Carlos Herrera, sont révélateurs. Il constate
que « la femme est un être inférieur, elle obéit trop à ses organes » (p. 503).
Ses propos font écho à l'opinion courante (masculine bien sûr) sur la
femme, prostituée ou non, dès le moment où elle revendique une égalité

sexuelle avec l'homme. La femme qui vit par sa sexualité est infâme, elle est dans la société un paria, un être marginalisé, qui ne peut s'affirmer que par la mort qui la libère de sa sujétion. Triste mais inéluctable réalité.

Chapitre II

La Cousine Bette
ou cette femme qui n'en est pas une

LA RICHESSE PSYCHOLOGIQUE de la littérature balzacienne se découvre par l'analyse de toute une série de types « universels » dont le personnage de la vieille fille ne peut certainement pas être exclu. Traitée, le plus souvent, comme un objet de dérision pour lequel Balzac conserve une certaine indulgence, la vieille fille constitue néanmoins un des personnages les plus difficiles à analyser. Etre complexe et complexé, masse de contradictions et d'idiosyncrasies, telles sont quelques-unes des caractéristiques qui font, de la vieille fille, une source féconde de documentation psychologique pour élaborer une esthétique de sa représentation ou, plutôt, de sa non-représentativité dans l'économie sociale et libidinale.

Au dix-neuvième siècle, la vieille fille, tout comme la prostituée, est considerée comme un être inférieur, toujours victime de la société. Elle est aussi victime d'une longue liste de contraintes et d'interdictions qui la figent dans son corps, dans son rôle social. Considérée souvent comme un personnage secondaire, elle fournit quelquefois l'élément comique dans le déroulement de l'action narrative. Balzac lui-même nous invite à être indulgents et à montrer de la compassion pour la délicatesse des demoiselles Pen-Hoël et du Geunic de *Béatrix*, ou pour les excentricités de Mlle Cormon de *La Vieille Fille*. Pourtant, comme l'a montré Marceau dans son admirable étude sur *Balzac et son monde*, Balzac fait une nette distinction entre deux catégories de vieilles filles. Il conserve son indulgence et sa bonne humeur pour de vieilles filles comme les Pen-Hoël qui appartiennent à l'artistocratie et qui maintiennent dans une certaine mesure, les valeurs traditionnelles morales et sociales de l'époque. La deuxième catégorie représente les femmes bourgeoises comme Mlle Gamard dans *Le Curé de Tours*, Sylvie dans *Pierrette*, Lisbeth Fischer dans *La Cousine Bette*, qui sont présentées comme les « jumelles dénaturées » de leurs sœurs honnêtes et chastes. Elles représentent le côté néfaste de la chasteté et les ravages psycho-sexuels que ladite chasteté crée dans la personnalité de la vieille fille. De cette façon, l'histoire de Lisbeth Fischer de *La Cousine Bette* devient une mise en scène de ce côté noir de la chasteté qui sert d'exutoire à des passions et des émotions turbulentes, réprimées. Cette « femme-araignée »[1] va tisser une toile de haine et de jalousie pour prendre ses victimes, afin de pouvoir jouir d'une vengeance longtemps attendue. Elle cherchera une restitution pour cet état de célibat auquel la société la condamne, un état qui provoque des sentiments de frustration et d'infériorité, et des troubles psychiques qui vont influencer le développement « normal » de la sexualité.

Avant d'analyser les causes qui pourraient éclairer ce penchant presque obsessionnel pour la jalousie et la vengeance [« la jalousie formait la base de ce caractère plein d'excentricités » (p. 26)], commentons le caractère physique du personnage. Ce portrait physique est important pour faciliter une compréhension de cette fille, pour savoir comment les facteurs répressifs la transforment. A ce propos, elle s'exclame: « Après avoir commencé, disait-elle, la vie en vraie chèvre affamée, je la finis en lionne » (p. 137).

Dès le début du roman, Balzac évoque une image dévalorisante de la vieille fille:

> Lisbeth Fischer, de cinq ans moins âgée que madame Hulot, et néanmoins fille de l'aîné de Fischer, était loin d'être belle comme sa cousine . . . Paysanne des Vosges dans toute l'extension du mot, maigre, brune, les cheveux d'un noir luisant, les sourcils épais et réunis par un bouquet, les bras longs et forts, les pieds épais, quelques verrues dans sa face longue et simiesque, tel est le portrait concis de cette vierge. (p. 27)

Non seulement ce portrait évoque une certaine sécheresse du personnage, mais surtout, il met l'accent sur le côté sauvage du personnage. Lisbeth Fischer subit une masculinisation du corps: sourcils épais, pieds épais, bras forts. Dépourvu d'attributs proprement féminins, son corps possède une apparence physique forte, ce qui caractérise normalement celle des paysannes. Pourtant, dans le cas de Lisbeth, la masculinité du corps est poussée à l'extrême parce qu'elle va de pair avec un certain hermaphrodisme. Le visage a des traits de singe, mi-grotesque, mi-drôle, tout ce qui met en question le statut du corps lui-même. Le corps est présenté sous sa forme la plus primitive. Il reste figé à un état pré-évolutionnaire de développement. En témoignent les nombreuses références aux qualités de singe associées au physique de Lisbeth: « Sa mise étrange, surtout, lui donnait une si bizarre apparence que parfois elle ressemblait aux singes habillés en femmes, promenés par les petits Savoyards » (p. 32). Son corps, que le processus d'évolution a ignoré, reste immature, précoce. Il n'est pas question d'un mélange d'attributs masculins et féminins, mais plutôt d'une neutralité du corps évoquée par son hermaphrodisme ou sa nature sexuelle amorphe. Le corps neutre est réduit à son degré zéro parce qu'il est « indistinguable ». Autrement dit, il n'a pas d'identité parce qu'il est à mi-chemin entre deux processus de développement—humain et animal. Le cycle d'évolution s'arrête au moment où il franchit les étapes les plus fondamentales du développement, où il laisse le corps en suspens. Le corps suspendu, exposé, a raidi avec le passage du temps et les traits d'un développement prématuré laissent leurs empreintes ineffaçables.

A cette privation corporelle s'ajoute un autre exemple de privation. En tant que vierge, Bette occupe une place sociale marginalisée. Son célibat la condamne à un état de dépossession et d'isolement, ce qui va être le point de départ de ses futures stratégies néfastes contre la famille Hulot. Comme le souligne Pascal Lainé: « Etre vieille fille ne constitue pas une situation éventuellement transitoire, mais un état, à la rigueur une nature[2]. Cette « nature » prend une forme aride et desséchée marquée d'une absence flagrante de toute souplesse féminine:

> Bette, comme une vierge de Cranach et de Van Eyck, comme une vierge byzantine sorties de leurs cadres, gardait la roideur, la correction de ces figures mystérieuses, cousines germaines des Isis et des divinités mises en gaine par les sculpteurs égyptiens. C'était du granit, du basalte, du porphyre qui marchait. (p. 137)

« Roideur », « granit », « basalte », mots-clefs qui accentuent encore une fois la sécheresse et la rigidité du personnage. Modelée par le granit, le ciment, Bette est présentée comme un robot, avec des mouvements rigides et exagérés, presque ridicules. Le robot, considéré souvent comme une caricature des êtres humains semble caractériser la représentation physique de la vieille fille. Il me semble que Balzac présente Lisbeth Fischer comme une caricature de la femme ou plutôt de la féminité [« Or, sans grâces, la femme n'existe point à Paris » (p. 32)], ce qui la rend sujette au ridicule. « On se moquait bien d'elle » (p. 29), dit Balzac qui décrit, plus loin, les manies de cette vieille fille:

> Avec le temps, la cousine Bette avait contracté des manies de vieille fille assez singulières. Ainsi, par exemple, elle voulait, au lieu d'obéir à la mode, que la mode s'appliquât à ses habitudes, et se pliât à ses fantaisies toujours arriérées. . . . La Bette était à cet égard d'un entête-ment de mule, elle voulait se plaire à elle seule et se croyait charmante ainsi, tandis que cette assimilation, harmonieuse en ce qu'elle la faisait vieille fille de la tête aux pieds, la rendait si ridicule, qu'avec le meilleur vouloir, personne ne pouvait l'admettre chez soi les jours de gala. (p. 31)

Exclue de la société à cause de sa position inférieure due à « son manque d'éducation, son ignorance et son défaut de fortune » (p. 29), Lisbeth est vouée à une existence solitaire où « elle ne recevait jamais de lettres, ni de visites, elle ne voisinait point. C'était une de ces existences anonymes, entomologiques, comme il y en a dans certaines maisons, où l'on apprend au bout de quatre ans qu'il existe un vieux monsieur au quatrième qui a connu Voltaire, Pilastre. . . . » (p. 51). Ainsi, défendue de s'intégrer à la société, toujours obligée de rester à la périphérie, elle est quand même dépendante de cette société pour sa subsistance. Son état de manque économique et social l'oblige à se plier aux demandes de cette société:

> Elle avait fini par comprendre la vie en se voyant à la merci de tout le monde et, voulant plaire à tout le monde, elle riait avec les jeunes gens à qui elle était sympathique; par une espèce de patelinage qui les séduit toujours, elle devinait et épousait leurs désirs, elle se rendait leur interprète, car elle n'avait pas le droit de les gronder. (p. 30)

Contrainte d'exister toujours pour les autres, sur lesquels elle n'a aucun droit, elle est frustrée dans ses efforts d'affirmer son individualité. Comme la prostituée, elle est obligée de jouer le rôle de la comédienne pour plaire et amuser, ce qui nécessite l'acquisition de toute une gamme de con-duites. Jamais acceptée pour elle-même, l'inauthenticité de son expérience mène à des souffrances d'amour-propre où « la cousine Bette résignée à ne rien être, se laissait traiter sans façon » (p. 30). Cette résignation vient du fait que Lisbeth est obligée de se rendre compte de sa propre infériorité:

« Je suis une vieille fille, je le sais » (p. 109). Elle est consciente de sa situation de parasite, de dépendante dans une société où elle n'a aucune voix, aucune possession et donc aucun nom:

> Ma situation, répondit Bette, m'oblige à tout entendre et à ne rien savoir. Vous pouvez causer avec moi sans crainte, je ne répète jamais un mot de ce qu'on veut bien me confier. Pourquoi voulez-vous que je manque à cette loi de ma conduite? Personne n'aurait plus confiance en moi.
> — Je le sais réplique Crevel, vous êtes la perle des vieilles. (pp. 103-04)

Son état de non-être s'explique par le fait que sa représentation est réduite à une fonction—celle d'être le véhicule, l'objet maniable par les autres, et, le plus important, de servir de caricature d'un être sans spécificité, réduit au mutisme, prisonnier d'une image stéréotypée. Une dernière citation sur la position sociale ambiguë de la vieille fille en fait preuve: « La cousine Bette . . . occupait . . . la position d'une parente qui aurait cumulé les fonctions de dame de compagnie et de femme de charge, mais elle ignorait les doubles humiliations qui, la plupart du temps, affligent les créatures assez malheureuses pour accepter ces positions ambiguës » (p. 136).

Ce mutisme social et plus spécifiquement corporel, pourtant, doue le personnage d'une énergie supérieure, et, comme le remarque Bolster, d'« une abondance de fluide vital »[3]. Cette énergie va être la compensation d'une existence manquée, d'une vie contrainte au refoulement de tout désir. L'ambivalence sociale et corporelle sera subordonnée au plein déploiement de cette énergie qui va, pour ainsi dire, ranimer le personnage. Cette énergie va diriger tous les projets de la cousine Bette qui vont se concentrer sur un effort conscient d'appropriation pour compenser son manque et pour obtenir tout ce qui lui est dû.

L'énergie de Lisbeth, qui provient de ses origines paysannes, se trouve renforcée par son état de célibat. Par opposition à certains modes de comportement acquis, conditionnés par la société, autrement dit « les manies de la vieille fille », cette énergie est la seule chose « authentique » qui reste inhérente à la personnalité. Elle est donc quelque chose d'instinctif, de « nature », pour reprendre le mot utilisé par Lainé. Balzac évoque « l'inexplicable sauvagerie de cette fille » (p. 31), poussée par les forces de cette énergie. Pourtant, à cause des limites sociales, Lisbeth est obligée de tenir cette énergie en bride. La narrateur expose ainsi la force de cette énergie dans la psyché de la vieille fille; il compare cet état naturel ou instinctif aux sentiments du Sauvage:

> Cette fille qui, bien observée, eut présenté le côté féroce de la classe paysanne. . . . Elle ne domptait que par la connaissance des lois et du monde, cette rapidité naturelle avec laquelle les gens de la campagne, de même que les Sauvages, passent du sentiment à l'action. En ceci peut-être consiste toute la différence qui sépare l'homme naturel de l'homme civilisé. Le Sauvage n'a que des sentiments, l'homme civilisé a des sentiments et des idées. Aussi, chez les Sauvages, le cerveau reçoit-il pour ainsi dire peu d'empreintes, il appartient alors tout entier au sentiment. . . . Le Sauvage n'admet qu'une idée à la fois. C'est la cause de la supériorité momentanée de l'enfant sur les parents et qui cesse avec le désir qui l'envahit, tandis que chez l'homme civilisé, les idées descendent sur le cœur qu'elles transforment; celui-ci est à mille intérêts, à plusieurs sentiments, tandis que le Sauvage n'admet qu'une idée à la fois. C'est la cause de la supériorité momentanée de l'enfant sur les parents et qui cesse avec le désir satisfait; . . . La cousine Bette, la sauvage Lorraine . . . appartenait à cette catégorie de caractères plus commun chez le peuple qu'on ne pense, et qui peut en expliquer la conduite pendant les révolutions. (p. 31)

Ce passage, d'une façon inquiétante, évoque l'intensité de cette force. Cette énergie brute et à voie unique supplée l'apparente brutalité du corps. Le corps semble se soumettre au mutisme qui lui est imposé, il se replie, se momifie, ou plutôt il se solidifie en granit: « Elle gardait la roideur d'un bâton » (p. 32). La valeur du corps est minimisée ou plutôt annulée par sa pétrification, et, comme le corps de la femme sculptée, celui de la vieille fille ne fait pas peur parce qu'il est rendu immobile. Pourtant, l'énergie renaissante mobilise les facultés de l'esprit dans un effort de délégitimer la nullité du corps. Chesler évoque cette idée d'énergie dange-reuse ou négative qui provient du mutisme du corps, de sa virginité, et elle la compare à la folie[4]: La folie de Lisbeth consiste en cette trop libre expression de son esprit, qui, dans un effort pour dépasser les contraintes imposées, va prendre des formes extrêmes, débridées d'expression[5]. C'est-à-dire que l'esprit va suivre une existence autonome où il sera alimenté et fortifié par une série de griefs légitimes ou non. Ces griefs donneront au personnage une justification pour ses projets et ses futurs rapports haineux. De cette façon *La Cousine Bette* sera « une mise en scène brutale des fantasmes »[6]. Les fantasmes auxquels Lisbeth donnera libre cours seront ceux d'une auto-préservation visant à protéger l'intégrité du moi. L'extrême mobilité du fantasme viendra remplacer l'immobilité du corps. Les imperfections du corps seront maîtrisées par les facultés de l'esprit, d'où l'allusion à l'araignée, symbole non seulement de la femme masculine/virile, mais, ce qui est plus important, symbole d'un double pouvoir d'intelligence instinctive et de maîtrise des situations[7], d'un pouvoir cancéreux qui se répand silencieusement et détruit à leur insu ses victimes[8].

Elaborons un peu plus en détail le rôle des fantasmes dans la psychologie de la vieille fille. Freud souligne que le fantasme repose sur une puissance illusoire parce qu'il est le résultat d'un développement non inhibé par le fantasme, de la damnation conséquente au manque de jouissance[9]. Le fantasme sert alors de catharsis parce qu'il permet une « libre expression » des sentiments réprimés. Il acquiert un caractère incontrôlé et peut mener à une forme de perversion qui résulte d'une déformation de la réalité. Cette primauté du fantasme est souvent considérée comme un déploiement de l'énergie libidinale et a la fonction d'une réalisation inconsciente du désir. Lisbeth y donne libre cours. Le fantasme devient pour elle un moyen de jouir par procuration de ses propres désirs réprimés: « Quelle imagination ont les vieilles filles! s'était écriée la baronne » (p. 34). Cette déformation de la réalité sert de stratagème pour entretenir quelques illusions narcissiques sur soi-même. Cela consiste en une tentative de repli sur soi, d'emprisonnement dans sa tour d'ivoire, d'exclusion de tout Autre. Ce petit paradis aura dans son centre, comme seul habitant, le Moi blessé qui s'infusera d'une grande dose de narcissisme pour s'équilibrer. Cet agrandissement de soi est un mécanisme de défense visant à parvenir à la réhabilitation du moi. Ainsi, cette perception fracturée de l'identité féminine évoquée par Freud dans « Dissection of Personality » reposera sur des auto-affirmations excessives, presque mégalomanes. Le sentiment d'infériorité se transformera en une haute estime de soi alimentée par un délire de grandeur: « Après avoir commencé la vie en vraie chèvre affamée, je la finis en lionne » (p. 137) s'exclame Lisbeth, ou encore, dans les mots d'Hortense Hulot: « Quelque dissimulée que soit une vieille fille, il est un sentiment qui lui fera toujours rompre le jeûne de la parole. C'est la vanité »! (p. 46). Cette période d'introspection, d'où le moi sort glorieux, ranimé, sert de baume aux blessures d'amour-propre infligées par la société où maintenant « elle se contenta, disait-elle en riant, de sa propre admiration » (p. 29).

Rosenfeld évoque les côtés agressifs d'un tel narcissisme. Il le compare à un monde délirant, dominé par une partie impitoyable, omnisciente et omnipotente du moi. C'est-à-dire que le moi acquiert une position d'auto-suffisance narcissique qui va influencer toute relation objectale. Ce corps-à-corps avec soi témoigne d'une régression à cet état infantile, avant le stade du miroir, où l'enfant se croit un petit Dieu. Maître de tout, exigeant tout, il règne comme un petit tyran et requiert une satisfaction absolue de tous ses désirs. Ce primat du moi chez Lisbeth, caractérisé par les fixations infantiles les plus archaïques, repose donc sur un agrandissement illusoire et mène à une psycho-pathologie dans les rapports avec les autres, comme en témoignent les rapports de Lisbeth avec sa cousine Adeline Fischer et sa relation ambivalente, presque perverse, avec le jeune Steinbock.

La période de repli caractérisée par ce primat du soi déjà évoqué nous mène à réfléchir sur la sexualité de Lisbeth. L'état d'auto-suffisance suggère l'auto-érotisme clitoridien parce qu'en tant que vierge, le voyage au « continent noir » est ajourné. Comme l'a montré Freud dans ses *Trois essais sur la sexualité*, l'activité clitoridienne s'accompagne toujours de fantasmes débridés, qui servent de compensation, de substitut à une activité sexuelle complètement refoulée ou plutôt interdite. Le clitoris, comme organe externe, joue, pour le moment, le rôle du « petit pénis » dans la psyché de la vieille fille. Il devient l'objet qui sert d'opposition fantasmée à toutes les contraintes qui lui sont imposées. Je propose l'hypothèse que Lisbeth tire son énergie de ses excitations clitoridiennes qui lui donnent la force pour combattre ses adversaires. Par l'autonomie de l'action, elle peut affirmer son indépendance, rompre toute affiliation avec l'Autre, pour se constituer comme une entité en soi. Cela lui permettrait de se voir comme Autre, un corps différencié des autres. La singularité de cette position n'est pourtant pas sans poser de problèmes. La situation de Lisbeth est plus complexe. Pour Lisbeth, fille douée d'une grande énergie libidinale, ainsi que le rappelle « l'inexplicable sauvagerie » (p. 31) de ses sentiments, la masturbation ne constitue pas un moyen efficace pour décharger cette énergie. Elle « se masculinise » dans la mesure ôu les pulsions libidinales ne se satisfont pas seulement par des fantasmes érotiques, mais plutôt par le désir primitif de se débarasser de la tension sexuelle, ce qui caractérise normalement la sexualité masculine. Comme l'a bien montré Derrida, dans sa fameuse théorie du supplément, l'auto-érotisme n'est qu'un supplément de la consommation, quelque chose d'accessoire qui souligne le manque, l'insatisfaction. Une complète élaboration de la jouissance qui ne trouve pas de complément dans l'orgasme vaginal reste bloquée, réduite à un plaisir secondaire. C'est une jouissance fantasmée où les forces répressives l'enferment dans le domaine de l'esprit. Le désir reste du côté de la non-effectuation, du statique, par le fait que Lisbeth est vierge, vouée à un état de perpétuel refoulement.

Que le lecteur se garde de considérer cette analyse très masculine de la sexualité de la vieille fille comme une projection de mes propres opinions sur la sexualité féminine. Présentée comme image spéculaire, caricature de ce qu'est la féminité, la représentation psycho-sexuelle de la vieille fille, elle aussi, devient une mise en scène caricaturale de ce qu'est la sexualité féminine. Le drame de Lisbeth est celui d'une femme virile en quête d'une féminité qui est hors de sa portée. Cette quête va renverser certaines notions préconçues sur la féminité par le fait qu'il s'agit d'une opération qui marche à l'envers—une fille qui cherche à être femme mais n'y parvient pas. Cette opération va contre la démarche féministe parce que ce qui est recherché ici, c'est la féminité dans le plein sens du mot: buts passifs, être l'objet désiré et fétichisé, suppression de virilité, etc. Cette esquisse servira de base à l'analyse des rapports de Lisbeth avec Adeline Hulot, Valérie Marneffe et Wenceslas Steinbock, afin de pouvoir mettre en relief toute la gamme complexe des attitudes et des émotions qui s'en dégagent.

Commençons par la relation entre Adeline et Lisbeth, la plus importante, selon moi, qui sert de tremplin pour le drame à venir:

> La famille qui vivait en commun, avait immolé la fille vulgaire à la jolie fille, le fruit âpre à la fleur éclatante. Lisbeth travaillait à la terre, quand sa cousine était dorlotée; aussi lui arriva-t-il un jour, trouvant Adeline seule, de vouloir lui arracher le nez, un vrai nez grec que les vieilles femmes admiraient. Quoique battue pour ce méfait, elle n'en continua pas moins à déchirer les robes et à gâter les collerettes de la privilégiée. (p. 27)

Quoique de la même parenté et de la même existence modeste que sa cousine, Lisbeth Fischer est obligée de se rendre compte de sa « différence ». Elle est placée dans une position dévalorisante à cause de son apparence. Ses privations commencent dès son enfance même, où elle « avait plié devant cette destinée » (p. 27) et où elle envia à sa cousine sa bonne fortune. « Mais l'envie resta cachée dans le fond du cœur, comme un germe de peste qui peut éclore et ravager une ville, si l'on ouvre le fatal ballot de laine où il est comprimé » (p. 28). Mélanie Klein, dans ses études sur la psychologie de l'enfant, compare l'envie à une énergie destructrice, à une force hostile, dirigée contre la bonne mère qui nourrit et qui possède tout ce que l'enfant veut posséder lui-même. Lisbeth évoque cette différence de traitement lorsqu'elle dit: « Adeline et moi, nous sommes du même sang, nos pères étaient frères, elle est dans un hôtel, et je suis dans une mansarde » (p. 28). L'envie devient la force motrice de toutes les actions de la vieille fille. Klein décrit cet état d'envie où le sujet qui se trouve dominé par ses pulsions agressives et destructrices s'identifie au mauvais sein. Ceci s'accomplit par les fantasmes d'appropriation et d'introjection pour détruire le sein « ennemi ». Cette envie est donc une réaction émotionnelle, presque infantile, à des conditions défavorables auxquelles la vieille fille est soumise. A l'opposé de l'identification à la bonne mère, l'identification à la mauvaise mère remplit le corps avec le lait caillé qui l'infecte. Le lait impur qui enivre le corps se répand comme un cancer dans toutes les parties du corps. Le lait, aliment primordial qui nourrit, dans ce cas, détruit le corps. Les effets d'enivrement livrent le corps à toutes sortes de problèmes physiques et psychiques qui sont les symptômes d'une profonde angoisse née de cet empoisonnement corporel graduel. Les activités d'appropriation consisteront aussi en un effort pour obtenir le bon lait qui servira d'antidote pour neutraliser les mauvais effets du poison, et, par là, guérir le corps.

Obligée donc, dès le début, d'avouer sa différence, Lisbeth tente une première réparation en essayant d'arracher le beau nez d'Adeline. Le nez grec est un modèle exemplaire de la beauté féminine classique. La tentative d'arracher le nez constitue un effort de s'approprier le nez pour se faire objet féminin/Femme et, par là, effacer la Différence. Etre femme avec tous ses attributs, serait la seule façon pour Bette de restituer le manque inscrit sur « sa face simiesque » (p. 27). Autrement dit, ce qu'elle envie à Adeline c'est sa féminité et c'est cela qu'elle veut lui arracher. Comme le remarque Mieke Taat dans son article « La Bette à la Lettre », Bette est née dans le même sang mais sans nez[10]. C'est-à-dire, être Femme veut dire, pour Lisbeth, être privilégié, accéder au statut de l'omniprésence féminine. Il y aura, bien sûr, d'autres tentatives d'appropriation, ainsi qu'en témoignent ses efforts pour déchirer et gâter les accoutrements féminins d'Adeline, tels que ses belles robes et ses collerettes[11].

Mieke Taat, dans le même article, souligne un autre élément de manque et de différence. Elle affirme aussi que l'abréviation de son nom Lisbeth-Bette témoigne d'une autre forme de castration. Bette est privée d'un autre attribut féminin—son Lys emblématique, lieu du manque. L'association de la femme à la flore était un thème très populaire dans la représentation picturale du féminin au dix-neuvième siècle. La fleur devenait une personnification de la « vraie femme » avec ses qualités douces et éthérées. Parmi ces fleurs, le lys était d'un intérêt particulier pour deux raisons. D'une part, le lys est valorisé pour sa blancheur et sa pureté[12]. La femme trouve sa spécificité et sa valeur dans cette sorte de métamorphose florale, où, comme un objet qui suscite un plaisir esthétique, elle peut être contemplée ou, pire, cultivée. Bette est donc mise dans une position défaillante (selon sa propre logique) par cet enlèvement ou plutôt cette négligence de son « lys », qui la prive de son identité féminine. Le lys est associé au féminin à un autre niveau. La structure du lys est souvent comparée aux contours du sexe féminin, ce qui est amplement démontré dans la « vulvemorphocité » évidente des représentations florales de Georgia O'Keefe, signalé par Dijkstra. De cette façon, le lys venait symboliser le seul sexe féminin reconnu au dix-neuvième siècle, le vagin et ses attributs proprement féminins. La privation oblige Bette à être exclue de cette configuration tryptique évoquée par l'équation: lys = vagin = Femme. Le problème ici, c'est que le processus de « devenir-femme » souligné par Freud et d'autres psychanalystes nécessite l'investissement du vagin. L'investissement du vagin implique la transformation des pulsions libidinales agressives en pulsions passives. C'est une condition préalable au stade du devenir-femme. Mais dans l'enlèvement du Lys, dans la non-mobilisation du vagin, le processus ne s'effectue pas. Le développement normale de la féminité reste bloqué. La sexualité de Bette reste au stade prégénital, figé entre l'état oral et sadique-anal. La poussée vers la passivité, si nécessaire pour le devenir-femme, ne se réalise pas.

Adler[13] souligne l'importance du rôle d'infériorité de l'organe dans la psyché de la vieille fille. Lisbeth se croit condamnée à un état de neutralité sexuelle, elle se voit frustrée dans sa sexualité. Elle blâme sa cousine de l'avoir dépourvue de sa sexualité et ses sentiments ambivalents vis-à-vis de sa cousine acquièrent les proportions « d'un paroxysme de jalousie » (p. 31). La jalousie qui forme « la base de ce caractère plein d'excentricités » (p. 26) culmine dans un désir ardent de vengeance. Cette vengeance devient la raison d'être de la vieille fille parce que ses buts sexuels, soumis au refoulement, se déplacent sur d'autres buts agressifs non moins intenses: « En un moment donc la cousine Bette devint le Mohican dont les pièges sont inévitables, dont la dissimulation est impénétrable. Elle fut la Haine et la Vengeance sans transaction » (p. 95). Autrement dit, privée des possibilités de jouir d'une sexualité normale, la vieille fille est contrainte à la dénaturation, à la caricature. Ce sont précisément ces sentiments dénaturés qui vont caractériser son rapport avec le jeune Steinbock, son premier objet d'amour.

Les raisons de son choix sont intéressantes. Soulignons qu'au début de ses rapports avec Steinbock, le développement de son narcissisme se trouve encore à un stade précaire, insuffisamment restitué. C'est dans Steinbock, objet qu'elle va modeler à l'image de son moi idéal, qu'elle va chercher une deuxième réparation.

Steinbock, ce « pâle jeune homme blond » (p. 52), avec ses traits fins et efféminés et son air impuissant, présente, lui aussi, un modèle de beauté féminine par excellence. En lui, Bette voit l'enfant qui va l'aider à accéder à cette féminité tant désirée, justement en lui permettant de jouer le rôle de la mère. La maternité, considérée comme point culminant de la féminité, ne serait pas ici un désir viril pour posséder le pénis et, par là, satisfaire son envie. Je serais tentée de voir la maternité (dans le cas de Bette), comme un effort d'identification au phallus, signifiant privilégié. Cette identification avec l'enfant/phallus serait, selon Pascal Lainé, « la seule voie frayée par sa libido masculine à prendre le tournant de la féminisation »[14]. Donc, le « je vous prends pour mon garçon » (p. 57) de Bette, devient une réplique à « cette fille . . . était toujours l'enfant qui voulait arracher le nez de sa cousine » (p. 31). Par appropriation (prendre, arracher), Bette va s'identifier avec « la chose » qui lui assurera sa féminité. Le titre de Mère va lui donner les attributs de la mère omniprésente. Aussi, le rapport mère/fils va relier le rapport à l'origine, rapport archaïque, idéal, sans intrusion de l'Autre, où la mère devient le premier objet d'amour de l'enfant. Cette exclusivité du rapport (« vous m'appartenez lui dit-elle » p. 61) va soulager la blessure narcissique par le fait qu'elle mettra Bette dans la posture narcissique par excellence de se faire aimer[15]. Cet amour servira de soutien à son amour-propre fracturé afin de lui donner le pouvoir de 'se faire mère'.

Ceci se double d'un autre désir d'origine. Ce qui attire Bette à Steinbock, c'est son comportement féminin. En lui, Bette voit cette petite fille douce et complaisante qu'elle aurait voulu être elle-même—un désir qui a été refoulé par la nature elle-même: « Quoique Steinbock eût vingt-neuf ans, il paraissait, comme certains blonds, avoir cinq ou six ans de moins, et à voir cette jeunesse, dont la fraîcheur avait cédé sous les fatigues et les misères de l'exil, unie à cette figure, sèche et dure, on aurait pensé que la nature s'était trompée en leur donnant leurs sexes » (p. 52), ou encore: « Cette fille qui, bien observée, eut présenté le côté féroce de la classe paysanne » (p. 31). Voilà déjà un indice inquiétant qui va structurer « cette alliance bizarre » (p. 53).

Cette relation témoigne d'une certaine fausseté dès le début: « Moi, vois-tu, je n'ai ni chat, ni serin, ni chien, ni perroquet, il faut qu'une vieille bique comme moi ait quelque petite chose à aimer, à tracasser, eh bien! ... je me donne un Polonais » (p. 37). Il y a dans ce faux accouchement le germe d'un réseau de rapports dénaturés. Rappelons ici l'immaturité génitale de Bette. Le primat de la zone génitale non encore établi, le rapport sera caractérisé par son caractère fortement ambivalent—ce qui est le propre d'une organisation pré-génitale. Freud assimile cette ambivalence à un arrêt de développement de la pulsion sexuelle. L'ambivalence qui côtoie la perversion dans le cas Bette/Steinbock résulte en tout cas d'une inhibition de développement, comme le souligne Freud: « La disposition à la perversion est bien la disposition générale originelle de la pulsion sexuelle, laquelle ne devient normale qu'en raison de modifications organiques et d'inhibitions psychiques survenues au cours de son développement »[16]. Merleau-Ponty, à son tour, décrit la situation d'une façon exemplaire[17].

La perversion de Bette dans ses rapports avec Steinbock résulte donc d'une impasse, d'un blocage de toute élaboration « normale » de la sexualité. La perversion deviendra alors le symptôme d'une libido refoulée. Tout d'abord, le rapport Bette/Steinbock surprend par son oralité qui sert de réparation pour une privation primaire, autrement dit, privation du phallus. Le phallus constitue le miroir où se reflète son désir. Dans cette image invertie, elle va admirer le reflet de sa propre féminité invertie. Narcisse femelle tombe ici amoureuse de sa propre image. Le premier stade qui reste relativement non-ambivalent prédispose néanmoins le sujet au stade sadique-anal de développement. Cette ambivalence s'explique par le fait qu'il y a ici deux stades en jeu: le premier caractérisé par les buts destructifs et l'autre par les attitudes bienveillantes.

Réfléchissons un peu ici au caractère de la cousine Bette. Douée d'une énergie indomptable due en grande partie à ses origines paysannes, cette énergie ne trouve cependant pas d'exutoire. Son état de célibat lui impose une virginité inéluctable qui oblige à ses pulsions libidinales de garder leur côté agressif[18]. Prise au dépourvu par deux défectuosités sexuelles—manque de pénis et non-sensibilisation du vagin—cette agressivité va chercher une dissimulation dans la maternité. Bette dit à Steinbock: « Oh! je ne vous laisserai point mourir. J'ai de la vie pour deux, et je vous infuserais mon sang, s'il fallait » (p. 53). Mais une maternité tissée de fantasmes oraux et anaux, en l'absence d'un vrai accouchement (un moyen déjà efficace pour se libérer d'une grande dose de pulsions agressives), ne saurait être qu'une maternité fausse, presque pathologique. La Vierge-Mère qui fait un enfant anal ne peut se satisfaire que d'un érotisme anal. Le caractère ambivalent de ce stade ayant déjà été évoqué, il est question de l'analyser tel qu'il se manifeste dans cette relation.

Dès le début, le lecteur est frappé par le côté unilatéral du rapport. Bette, en sauvant la vie à Steinbock, attend de lui une reconnaissance qui comprend une obéissance et une soumission totales à son « mentor femelle » (p. 52). Prête à faire tout ce qu'elle voulait de cet objet à elle, « ce mélange de brusquerie, de rudesse même et de bonté, peut expliquer l'empire que Lisbeth avait acquis sur cet homme de qui elle faisait une chose à elle » (p. 54), cette Belle au bois dormant qu'elle avait réveillée par ce « baiser » qui la ranime (le baiser de la femme araignée ne pourrait qu'apporter un coup fatal), « la vieille fille déployait la tendresse d'une brutale mais réelle maternité. Le jeune homme subissait comme un fils respectueux la tyrannie d'une mère » (p. 53). Le renversement des rôles continue: « une volonté puissante agissant sur un caractère faible » (p. 53). Tout en étant ressuscité par Bette, Steinbock devient pour elle une chose à façonner à sa guise. Pygmalion femelle, elle exerce sur son objet une maîtrise absolue. Elle le tient prisonnier par un contrat dans lequel elle dicte: « Vous me donnerez des reconnaissances en bonne forme de l'argent que je dépenserai pour vous, et quand vous serez riche, vous me rendrez tout. Mais, si vous ne travaillez pas, je ne me regarderai plus engagée à rien et je vous abandonnerai » (p. 56). Et encore: « Alors le pauvre artiste reprocha pour la première fois à sa bienfaitrice de l'avoir arraché à la mort, pour lui faire une vie de forçat pire que le néant où du moins on se reposait » (p. 61).

Il est intéressant de noter que la première chose qui éveille la sollicitude maternelle de Bette, c'est l'état d'impuissance de Steinbock: « La vieille fille s'était promis de protéger ce pauvre enfant, qu'elle avait admiré dormant » (p. 55). En Steinbock, Bette voit l'enfant, cet être pré-sexuel, asexué qui relie le rapport primordial avec la mère[19]. Cela satisfait ses aspirations à un amour total. En faisant de Steinbock son enfant, elle le réduit à un état d'impuissance, de dépendance; elle le désexualise, pour ainsi dire. Pour elle, l'amour s'inspire de cet état d'impuissance auquel l'homme est réduit. Comme le fait remarquer Steinbock lui-même: « Je ne serai jamais quitte avec vous, mademoiselle . . . parce que vous ne m'avez pas seulement nourri, logé, soigné dans la misère, mais encore vous m'avez donné de la force! vous m'avez créé » (p. 54). L'Immaculée Conception annule ou plutôt exclut le pouvoir du père. Par ce pouvoir conféré à la mère, Bette peut ainsi rivaliser avec Dieu qui a pu manipuler la naissance, la mort, et la résurrection éventuelle de son Fils: « Me voilà avec un garçon qui se relève du cercueil », dit Bette. « Allons! nous commençons » (p. 57).

A cause de ce « faux » commencement, leur rapport va être une représentation parfaite de la situation sado-masochiste qui pose, cette fois, la femme comme bourreau et l'homme comme victime. La possession et la domination, le propre du sadique, vont être alimentées par l'attitude déférentielle de Steinbock: « Vous serez tout pour moi, ma chère bienfaitrice, je serai votre esclave » (p. 52). Bien que Bette tire une volupté de cette domination, il est pourtant important de souligner que l'élément sadique contient en lui-même une composante masochiste. Comme le fait remarquer Freud: « Le sadique n'aurait jamais l'idée de trouver du plaisir à la douleur d'autrui s'il n'avait d'abord éprouvé masochiquement le lien de sa douleur et de son plaisir »[20]. C'est-à-dire que Bette maîtrise une situation qu'elle avait déjà subie. Ainsi s'expliquent les contradictions apparentes dans le sentiment qu'elle éprouve pour Steinbock. Il y a un contre-sens qui s'opère. A côté de cet amour de la domination existent les traces d'une sollicitude maternelle sincère:

> Mademoiselle Fischer prit ainsi sur cette âme un empire absolu. L'amour de la domination, resté dans ce cœur de vieille fille, à l'état de germe, se développa rapidement. Elle put satisfaire son orgueil et son besoin d'action: n'avait-elle pas une créature à elle, à gronder, à diriger, à flatter, à rendre heureuse, sans avoir à craindre aucune rivalité? Le bon et le mauvais de son caractère s'exercèrent donc également. Si parfois elle martyrisait le pauvre artiste, elle avait en revanche des délicatesses, semblables à la grâce des fleurs champêtres: elle jouissait de le voir ne manquant de rien, elle eût donné sa vie pour lui. (p. 61)

Voilà une bonne description du rapport maîtresse/esclave tel qu'il se manifeste jusqu'à ce point. Bette jouit d'une relation exclusive avec sa « créature » à elle, sans danger d'une intrusion de l'extérieur. Elle est tyrannique, mais sa tyrannie est souvent modérée par un amour très sincère. Cet amour ne dissimule guère son élément érotique comme en témoigne: « l'âpre cupidité de la vieille fille » (p. 273). Pourtant, cette cupidité mène à une survalorisation sexuelle de l'objet qui pousse à son paroxysme la tyrannie de Bette, lorsqu'elle se sent menacée par une rivale, ici Hortense Hulot. La tyrannie va se doubler d'un sadisme brutal: « Vous avez à vous Wenceslas Steinbock pieds et poings liés » (p. 58). Menacée par la perte imminente de son objet, elle essayera d'avorter tout effort d'appropriation par l'autre en imposant à Steinbock des privations de tout ordre: « La Lorraine surveillait cet enfant du Nord avec la jalousie d'une femme et l'esprit d'un dragon » (p. 63).

L'expulsion de l'objet introjecté, sa seule raison d'être, va rouvrir la blessure et déranger encore une fois la stabilité de son moi: « Je mourrai promptement, allez, si je perds cet enfant à qui je croyais toujours servir de mère, avec qui je comptais vivre toute ma vie » (p. 91). De nouveau, elle sera obligée de se rendre compte de son insuffisance. Donc, la mère devient « marâtre, elle morigéna ce pauvre enfant » (p. 60)[21]. Cette preuve de maternité brutale, cette image d'une mère castratrice née d'un amour dévoyé, fondé sur « les instincts comprimés de la femme » (p. 110), qui « avait pris, elle, l'habitude de toutes les privations », (p. 63) va être le tournant décisif dans le rapport. Cela va conduire Steinbock dans les bras d'une « vraie femme », celle qui saura, bien sûr, « comment il faut traiter un homme ». Empêchée encore une fois d'assumer sa féminité, Bette va diriger contre la famille Hulot une rage délirante, celle d'une amoureuse ou d'une mère insensée. Une partie de cette rage, Steinbock devait en être le témoin lui-même: « Quand je vous ai sauvé, vous vous êtes donné à moi, je ne vous ai jamais parlé de cet engagement, mais je me suis engagée envers moi-même, moi! » (p. 107) Ces paroles ne peuvent être que celles d'une mère ou d'une épouse délaissée, abandonnée.

La « création » se brise dans la mesure où elle échappe aux mains de sa Créatrice, qu'elle laisse seule, frustrée dans ses efforts pour parvenir à la féminité—ce pouvoir redoutable qui fait les affres de l'homme. Bette meurt alors de « l'affreuse agonie d'une pthisie pulmonaire » (p. 337). C'est-à-dire qu'elle étouffe de son énergie qui ne trouve point d'issue. La mort seule lui accorde cette libération. La mort de Bette devient encore plus tragique par le fait qu'elle semblait être sur le point de réaliser son désir, de connaître un vrai épanouissement et, par là, de briser les conventions qui faisaient du célibat un état fixe. L'histoire de la cousine Bette devient alors un hymne qui fête la maternité: « Mais produire! mais accoucher! mais élever laborieusement l'enfant, le coucher gorgé de lait tous les soirs, l'embrasser tous les matins avec le cœur inépuisé de la mère. . . . Cette habitude de la création, cet amour infatigable de la Maternité qui fait la mère. . . . Enfin, cette maternité cérébrale si difficile à conquérir » (p. 180). C'est la maternité qui domine tout dans la psyché de la vieille fille parce qu'elle représente cette force féminine tryptique, la Trinité féminine de Mère, Femme, Fille, évoquée par Kristeva dans son article sur le Stabat Mater dans *Histoires d'Amour*. La maternité représente, pour Bette, une certaine plénitude de représentation.

Pourtant, tous les efforts pour accéder à la féminité semblent avorter. Toutes les possibilités s'offrent à elle, mais Balzac semble suggérer que la vieille fille est trop immature, trop infantile dans son comportement pour pouvoir profiter des occasions qui s'offrent à elle. Elle est condamnée à vivre en marge parce qu'elle appartient à une autre réalité—ou plutôt à une irréalité—ainsi qu'en témoignent son apparence et son comportement qualifiés de bizarre. Son « irréalité » la condamne à une mise en scène mimétique de tout ce qui se passe dans le monde « réel ». Par cette inadaptation, elle devient une caricature, un objet de dérision et de ridicule. Cela consiste aussi en un mécanisme de défense visant à contenir l'altérité de la vieille fille. Par sa position de différence, elle menace certaines notions préconçues, déjà acceptées par la société. Par exemple, sa sexualité fait peur par son caractère inclusif et par le fait qu'elle exclut la participation masculine. Ainsi, elle est punie pour cette sexualité par l'élaboration de toute une gamme de conflits psychiques qui mènent à son altération éventuelle. La société la cloue dans une posture caricaturale où elle meurt d'une atrophie sociale et physique, comme une femme qui n'en est pas une.

Chapitre III

La Pathologie du maternel dans
La Cousine Bette

LE CHAPITRE PRÉCÉDENT A MIS en évidence que le drame tragique de la vieille fille se concrétisait en un effort désespéré pour parvenir à la maternité. L'histoire de la vieille fille pourrait donc être considérée comme une ode à cette maternité tant convoitée. Pourquoi ce primat de la maternité? Précisément, comme je l'ai déjà évoqué, parce qu'elle représentait pour Lisbeth une certaine plénitude de représentation. Le maternel témoigne de cette force indépendante, autonome et, par là, redoutable. On n'a qu'à se tourner vers la mythologie pour retrouver une pléthore d'évocations de la mère toute-puissante et archaïque: Isis pour la civilisation égyptienne, Déméter et Perséphone pour la tradition grecque, Kâli pour la culture hindoue.[1]

Le principe maternel se caractérisait par ses qualités globales et par son universalité qui remontaient à l'Origine. La mère et ses pouvoirs archaïques se trouvaient au commencement, à la source de toute Création et de tout développement. Cet aspect progressif du principe maternel, cette expansion qui surmontait les limites et la rigueur du principe mâle mènent à des conditions favorables. Par ce dépassement des bornes, le principe maternel devient une utopie qui contient à ses racines les trois principes fondamentaux de toute civilisation—liberté, égalité et sororité/fraternité. Le principe maternel devient donc un paradis par ses vertus spirituelles et sublimes et en vient à représenter le zénith de la création.

Pourtant, l'avènement de la civilisation hellénique proprement dite a apporté de grandes modifications à cet état idyllique. Le maternel menaçait par sa posture indépendante, infranchissable. Alors survint, comme le souligne Bachofen, avec les cultes bacchiques et dionysiaques, la primauté des soi-disant qualités proprement masculines comme la virilité, la sensualité, au

détriment de toutes les valeurs spirituelles soutenues par le principe maternel. La raison du plus fort au sens physique régnait suprême, ce qui a mené
à un ensevelissement graduel du culte maternel. De plus, les valeurs comme
la chasteté, la spiritualité, l'amour, jadis exaltées, devenaient alors les outils
de répression utilisés pour contenir les femmes et, par là, les subjuger au
nouveau principe mâle dominant. L'universalité du maternel a été réduite à
sa seule dimension spirituelle, éthérée, non-représentable. La « force »
féminine, pour ainsi dire, était neutralisée par la spiritualité qui l'a vidée de
ses prouesses. Cette évacuation annulait complètement le pouvoir de la
mère, pour présenter cette image pathétique que nous avons d'elle depuis,
surtout dans la littérature du dix-neuvième siècle.

Les « mères » balzaciennes s'insèrent bien dans cette problématique.
L'œuvre de Balzac offre une abondance de ce que j'appellerai ces « mères
mélancoliques » dont le sort se résume avec justesse dans ces mots pro-
noncés par Mme Grandet:

> En toute situation, les femmes ont plus de causes de douleur que n'en a
> l'homme, et souffrent plus que lui. L'homme a sa force, et l'exercice
> de sa puissance; il agit, il va, il s'occupe; il embrasse l'avenir et y
> trouve des consolations. . . . Mais la femme demeure, elle reste face à
> face avec le chagrin dont rien ne la distrait, elle descend jusqu'au fond de
> l'abîme qu'il a ouvert, le mesure et souvent le comble de ses vœux et
> de ses larmes. Ainsi faisait Eugénie. Elle s'initiait à sa destinée.
> Sentir, aimer, souffrir, se dévouer, sera toujours le texte de la vie des
> femmes. »[2]

Bien que cette citation exprime la situation de la femme en général,
sa pertinence à la condition maternelle me semble particulièrement remarquable. Le maternel représente, ainsi qu'il est souligné par plusieurs
critiques, le paradigme de toute représentation féminine. Les femmes
Hulot, Adeline et sa fille Hortense de *La Cousine Bette,* Madame de
Mortsauf du *Lys dans la vallée*, sont mélancoliques parce qu'elles souffrent
de leur maternité. Quel est le rapport entre la souffrance et cette position
sublime ou idéalisée attribuée à la mère? Quels sont les facteurs psychiques
en jeu dans cette idéalisation et comment est-ce qu'ils contribuent à une
véritable pathologie du maternel dans *La Cousine Bette?* Telles sont
certaines questions auxquelles cette étude tentera de trouver des réponses.

Au début même du roman, le lecteur est introduit à une Adeline
souffrante. Elle se fait alors des soucis pour sa famille: « Jusque-là, la

baronne avait soutenu courageusement les triples tortures que cette explication imposait à son cœur, car elle souffrait comme femme, comme mère et
comme épouse »[3]. La mère assume la responsabilité d'une souffrance col-
lective; elle devient le bouc émissaire de la souffrance qui caractérise la
condition féminine au dix-neuvième siècle. La souffrance s'abat donc sur
elle comme une malédiction, la punissant d'avoir osé, à une période donnée
de l'histoire, usurper le Nom du Père pour annuler ses pouvoirs abusifs.
Sa souffrance provient donc de sa culpabilité et elle est obligée de payer des
réparations pour une faute commise à l'Origine même.

Cette image de la mère souffrante remonte aux temps bibliques où il
est question de la *Mater dolorosa* « de l'hymne saint, et qui en fleurissait les
plaies, comme en Italie on fleurit les Madones » (p. 313). Je suis tentée de
voir dans cette évocation, une exaltation négative dans la mesure où la mère
est valorisée dans la douleur. Elle ressemble à la martyre qui suscite un
respect presque pervers par cette extrême abnégation, où elle met son corps,
disons même son être, au service des autres: « Elle marchait fièrement,
noblement, comme une martyre au Colysée. Elle avait néanmoins épuisé
ses forces, car elle se laissa tomber sur le divan . . . comme une femme près
de se trouver mal » (p. 20).

Le corps est épuisé parce qu'il est négligé par le soi dans les efforts
de jouer au martyr pour obtenir la grâce et le consentement d'Autrui. Ce
consentement vient d'une acceptation des idées chrétiennes qui figent la
femme dans son rôle de martyre. L'esthétique du christianisme est au détriment de la femme parce que c'est la religion des malheureuses. Comme le
proclame Adeline: « Vous prendrez des idées chrétiennes. Dieu protège les
malheureuses » (p. 19). La femme est discréditée par les doctrines reli-
gieuses qui font d'elle, selon Balzac, « une reine asservie faite à l'image
d'une esclave à la fois libre et prisonnière, d'une enfant prodigue mise en
tutelle et défiée par les mœurs »[4]. Ce qui est en jeu ici est un processus
oxymoronique où il s'agit d'exalter la femme pour mieux la nier. La femme
déifiée est fétichisée et, comme tout objet de fétichisme, elle est mise dans
une position défaillante[5]. Autrement dit, le fétichisme soumet la femme à
une re-présentation artificielle dans laquelle elle témoigne d'un manque,
d'un défaut.

Ce manque devient explicite dans les diverses évocations sublimes
de la femme-mère, où elle est décrite, ainsi qu'en témoigne cette citation
extraite de *L'amour* de Michelet, comme « une religion de pureté, de douceur, de poésie, de bonté » (p. 355). Ces qualités, si admirables qu'elles

soient, témoignent néanmoins d'une certaine abstraction. La mère est mythifiée, glorifiée dans l'abstraction pour perdre ses qualités humaines. Comme la vieille fille, elle est réduite à un état de neutralité parce que l'atemporalité du mythe la situe dans une « sous-réalité ». La sous-réalité de la mère mène à une perte d'identité, parce qu'en tant qu'entité neutre, elle perd sa représentativité. Autrement dit, l'autonomie de la présence maternelle archaïque cède la place à une évocation négative où la mère existe comme fiction d'une projection masculine. La mère comme personne autonome n'existe plus dans l'ordre masculin—la seule chose qui compte, en revanche, est la perpétuation de ce mythe masculin du maternel qui, ayant réduit la mère à une abstraction, une valeur, la dévalorise. Le maternel, rendu impuissant, satisfait maintenant: « Mais la femme possède à un plus haut degré toutes les vertues morales: la douceur, la bonté, la candeur, la sensibilité, ce sentiment qui porte au sacrifice, au dévouement, à l'abnégation, en un mot, ce sentiment qui porte à aimer »[6].

L'impuissance de la mère provient donc de cet état d'abnégation qui lui est imposée. Le maternel symbolise pour Irigaray le lieu le plus dangereux de résignations. La mère se résigne à une perte absolue de soi, à cette posture abjecte qu'évoque Kristeva. La mère est donc destinée à la résignation qui, seule, lui accorde sa spécificité. La conduite d'Adeline témoigne bien de cette résignation où « elle jouissait toujours de cette vieille affection invétérée que les maris portent à leurs femmes quand elles se sont résignées au rôle de douces et vertueuses compagnes; elle savait qu'aucune rivale ne tiendrait deux heures contre un mot de reproche, mais elle fermait les yeux, elle se bouchait les oreilles, elle voulait ignorer la conduite de son mari au dehors. Elle traitait enfin son Hector comme une mère traite un enfant gâté » (p. 24). La résignation comprend une acceptation des défauts du mari sans un seul mot de reproche, parce que la mère doit savoir « recevoir des coups sans en rendre » (p. 24). L'acceptation porte sur une intériorisation de la souffrance, parce qu'en tant qu'objet d'abjection, tout effort de vocalisation ou de s'exprimer lui est interdit.

Réfléchissons un peu ici sur le statut du corps abject. Un corps qui n'existe pas pour soi acquiert un caractère anodin, indistinct. Le corps maternel est un corps en train de se défaire, ou plutôt qui s'est déjà défait sous l'instance paternelle. Mary Ann Doane, dans son chapitre sur le mélodrame maternel, compare le corps maternel à un organe sans corps[7]. Cette dislocation apparente du corps mène à une dispersion de ses organes. Le corps amputé n'a pas de moyens de s'exprimer. Son expression devient muette pour ainsi dire par le fait qu'une femme sans corps ne peut ni parler ni voir ni entendre. Ce handicap attribué traditionnellement à la femme résulte donc de cette amputation de son corps, de ce mutisme auquel il est réduit. Le morcellement du corps sert alors de justification, d'excuse pour cet état infirme. Balzac semble suggérer que la femme doit accepter sa souffrance, qu'elle doit se résigner parce que les moyens pour exprimer sa révolte lui manquent. Un corps qui ne « se dit » pas doit souffrir en silence. Ainsi, Adeline doit reste *aveugle* aux défauts de son mari: « Elle savait cependant fort bien que, depuis vingt ans, le baron Hulot lui faisait des infidélités; mais elle s'était mis sur les yeux un voile de plomb, elle avait pleuré silencieusement, et jamais une parole de reproche ne lui était échappé » (p. 20). La résignation devient alors une nécessité pour le corps mutilé qui ne trouve pas de moyens pour s'exprimer.

Pourquoi ce mutisme du corps maternel? Pour minimiser la peur que suscite cette colère maternelle évoquée par les figures de Médée ou de Kâli, dont la colère redoutable menaçait par ses effets destructeurs. Marianne Hirsch dans son article, « Clytemnestra's Children: Writing (Out) the Mother's Anger », souligne que la mère ne peut pas articuler sa colère en tant que mère. Son rôle préétabli impose qu'elle soit aimante et bien-vieillante aux autres à tout moment, même au détriment de son propre bonheur. La mutilation du corps devient donc un mécanisme de défense, non seulement pour déplacer la colère maternelle mais, et plus précisément, pour l'effacer complètement. La colère doit se replier, se diffuser en une résignation qui soulage la psyché masculine.

Il y a un autre élément en jeu dans cette attitude. Soulignons qu'Adeline est censée rendre au baron Hulot un hommage absolu pour l'avoir tirée de la boue: « Ce mariage fut, pour la jeune paysanne, comme une Assomption. La belle Adeline passa sans transition des boues de son village dans le paradis de la cour impériale. . . . Pour Adeline, le baron fut donc, dès l'origine, une espèce de Dieu qui ne pouvait faillir; elle lui devait tout » (p. 22). Par reconnaissance, elle lui doit sa vie. Elle doit se sou-mettre à lui pour lui avoir donné une nouvelle vie. Cendrillon se transforme en princesse par la médiation du prince/baron. Comme la cousine Bette modèle une créature à elle, Adeline, elle aussi, devient la pupille de Pygma-lion pour être façonnée par lui. Simone de Beauvoir voit dans ce mythe une forme voilée de sujétion qui soumet la femme à la loi du Père qui proclame sa supériorité. Comme elle l'explique: « Il est clair qu'en se rêvant ainsi donateur, libérateur, rédempteur, l'homme souhaite encore l'asservissement de la femme, car pour réveiller la Belle au bois dormant, il faut qu'elle dorme, il faut des ogres et des dragons pour qu'il y ait des princesses captives »[8]. En acceptant la tutelle du baron, Adeline en fait sa religion, son éducation: « Cette belle villageoise eut le courage de faire son éducation par amour pour son mari, de qui elle fut exactement folle » (p. 22).

Cette éducation comprend, bien sûr, une obéissance totale au mari (« le baron était sûr de l'obéissance de sa femme » p. 136), une suspension de toute individualité pour devenir une sorte d'appendice du mari. Elle s'enferme dans 'le désir du même' évoqué par Irigaray dans *Ce sexe qui n'en est pas un* (p. 136). C'est-à-dire que l'homme projette une image spéculaire de soi sur la femme, image qui fait d'elle son côté négatif ou inférieur. Le mariage cloue donc la femme dans cette posture inférieure. Glatzer décrit cette infériorité issue de la logique spéculaire lorsqu'il dit que la mère symbolise la dépendance, la régression, la passivité et l'inadaptation à la réalité[9].

Le mariage élabore un contrat qui tient la femme en bride parce qu'il exige une sorte de culte du mari. La citation suivante en est la preuve:

> Depuis les premiers jours de son mariage jusqu'en ce moment, la baronne avait aimé son mari, comme Joséphine a fini par aimer Napoléon, d'un amour admiratif, d'un amour maternel, d'un amour lâche. . . . L'affection qu'une femme porte à son mari, le respect dont elle l'entoure sont contagieux dans la famille. Hortense croyait son père un modèle accompli d'amour conjugal. Quant à Hulot fils, élevé dans l'admiration du baron . . . il savait devoir sa position au nom, à la place et à la considération paternelle. (p. 20)

Le mariage exige une vénération du mari et de ses pouvoirs. Le Nom du Père donne à la femme un statut légal. Le mariage légitimise, pour ainsi dire, l'existence de la femme, parce que, sans mariage, la femme est vouée à un état de dépossession. Elle est ainsi re-possédée dans le mariage, appropriée par l'homme; elle devient une de ses multiples possessions. Je vois dans le mariage d'Adeline et du baron une élaboration du scénario maître-esclave, qui semble caractériser la situation conjugale au dix-neuvième siècle: « Il est le maître, il peut tout prendre ici, il me laisse mes diamants, c'est un Dieu » (p. 42) proclame Adeline, après avoir offert ses bijoux au baron pour le tirer d'une situation financière précaire.

Cette situation conjugale me rappelle un autre exemple de femme-esclave qui ne trouve sa spécificité que dans cette attitude lâche adoptée vis-à-vis de son mari—celui d'Indiana de George Sand. Béatrice Didier dans sa préface à l'œuvre résume la situation avec justesse. Elle voit en Indiana une représentation classique d'un type « chargé de représenter les passions comprimées ou, si vous l'aimez mieux, supprimées par les lois; c'est la volonté aux prises avec la nécéssité, c'est l'amour heurtant son front aveugle à tous les obstacles de la civilisation »[10]. Indiana est esclave à deux niveaux. D'une part, elle est esclave de son mari et de cette relation presque sadique dont elle a besoin pour avoir le sentiment d'exister: « Je sais que je suis l'esclave et vous le seigneur. La loi de ce pays vous a fait mon maître. Vous pouvez lier mon corps, garrotter mes mains, gouverner mes actions ». (*Indiana* pp. 198-99). De l'autre, elle est victime de la société qui ne conteste pas cet esclavage imposé et, pire, punit toute femme qui essaie de dépasser ses limites, qui cherche à se différencier. Pour Indiana, il n'est pas question de libération. Quand elle fait l'effort de briser ses chaînes, de s'affirmer, elle est, au contraire, vouée à un état de dépossession, de non-identité: « Elle avait été inscrite sous la description d'inconnu sur les régistres de l'administration » (p. 293). On peut dire qu'Indiana cesse d'exister au moment où elle essaie d'échapper au joug conjugal. La femme perd sa spécificité dès qu'elle tente de s'évader des oppressions et des humiliations imposées par une société masculine.

De cette façon l'esclavage d'Adeline devient explicite dans cet amour sublime qu'elle éprouve pour son mari: « On voyait bien en elle, le fruit d'un honnête mariage, d'un amour noble et pur dans toute sa force » (p. 26). L'amour sublime porte sur « le dévouement extraordinaire de cette belle et noble femme » (p. 21). Je vois dans cet amour qualifié de sublime l'expression d'une abnégation extrême. La spiritualité pèse lourdement sur la femme dont elle épuise le corps par ses exigences autoritaires. Irigaray dans *Speculum* évoque le destin de cet amour spirituel: « L'inhibition de leurs pulsions, leur retournement en leurs contraires, leur transformation en sentiments tendres qui n'aboutissent jamais à la satisfaction du besoin sexuel dont ils sont pourtant issus, telles seraient les formes de sublimation que l'homme, la société, exigent de la femme » (p. 158). L'amour spirituel mène à la sublimation ou plutôt à la négation de tout désir.

Pourtant, la femme est obligée de prendre plaisir à cet amour qu'elle offre. Adeline offre une image exemplaire de cet amour « humble, discret, toujours prêt, toujours souriant » (p. 185). L'amour sublime subjugue et porte sur la régression parce qu'il mène à une acceptation de la domination, au nom de l'Amour: « Toutes les femmes vraiment nobles préfèrent la vérité au mensonge. Elles ne veulent pas voir leur idole dégradée, elles veulent être fières de la domination qu'elles acceptent » (p. 207). L'extrême spiritualité d'Adeline transforme son amour en fanatisme. L'amour devient son seul espoir, sa seule raison d'être: « Il n'est donc pas besoin de beaucoup d'intelligence pour reconnaître, dans une âme simple, naïve et belle, les motifs du fanatisme que Madame Hulot mêlait à son amour » (p. 23). L'extrême spiritualité d'Adeline, de cette « âme sans souillure » (p. 16), va de pair avec une forme de perversion qui est censée symboliser la nature féminine—le masochisme et ses permutations.

Freud, Hélène Deutsch, Marie Bonaparte et d'autres psychanalystes ont tous postulé que la femme était par nature masochiste et passive. Ils trouvaient cette passivité et cette réceptivité comme étant dues à son sort biologique:

> En ce qui concerne la fonction érotique proprement parlée, cette fonction reste bien plus souvent déficiente chez la femme que chez l'homme. C'est dire que la femme, en général, est à la fois plus enfermée dans l'instinct, dans l'instinct sexuel au sens le plus large, que l'homme, mais qu'elle est ailleurs moins bien douée que l'homme pour réaliser cet instinct érotiquement, de façon explosive dans l'orgasme. Le psychisme entier de la femme semble aussi souvent tout imprégné de cette relative inertie dynamique qui est l'un des traits essentiels de tout ce qui, dans la nature, est femelle[11].

Deutsch aussi considérait la sexualité féminine comme défectueuse[12]. Sa définition de la sexualité féminine dévalorise la femme en réduisant la féminité à une infériorité biologique. Il est ironique que ce soient deux femmes qui lancent cette théorie. Consciente de sa « défectuosité », la femme a deux moyens d'affronter ce problème, soit adopter une posture masculine comme Lélia ou Lamiel, soit se soumettre à une féminité poussée à son paroxysme, comme c'est le cas pour Indiana ou pour Adeline Hulot. Les deux tentatives ont pour but de montrer que la femme, à cause de sa défectuosité inhérente, ne pourra proposer une définition de soi en dehors d'un certain modèle préétabli. Ce modèle fut bien sûr celui imposé par l'ordre dominant, le Nom du Père, qui s'est efforcé d'emprisonner la femme dans une sexualité supposée défectueuse. Le nom du père enferme la femme dans des situations passives, la contraignant à refouler toute possibilité de s'affirmer, lui imposant des limites de tout ordre.

Donc, plutôt qu'une défectuosité de nature, ainsi que le veulent Deutsch et Bonaparte, je suis tentée de voir dans la position masochiste de la mère un « faux » masochisme, celui imposé à la femme par l'autre. Le masochisme, la passivité ne constituent pas pour moi des caractéristiques biologiques, mais plutôt des caractéristiques socio-culturelles, c'est-à-dire, des caractéristiques acquises. Freud en était conscient lui-même lorsqu'il proclamait dans ses études sur la féminité: « Les règles sociales et sa constitution propre contraignent la femme à refouler ses instincts agressifs, d'où la formation de tendances fortement masochistes qui réussissent à érotiser les tendances destructrices dirigées vers le dedans. Le masochisme est donc bien, ainsi qu'on l'a dit, spécifiquement féminin »[13]. Le masochisme fait partie de la « constitution » de la femme, dans la mesure où il devient un moyen de se défendre, un moyen d'auto-préservation. Le masochisme devient pour Adeline la seule façon de trouver sa spécificité.

Ce retournement vers le dedans qualifie ce qu'on pourrait appeler l'espace maternel. L'intériorisation devient donc le propre du maternel. Cette notion d'intériorisation se joue à plusieurs niveaux—socio-économique, politique, sexuel. Dans le domaine social, on peut dire que le dedans, l'intérieur deviennent le lieu « privilégié » du maternel. Le mariage enferme la femme dans sa seule vocation domestique où elle doit souffrir en silence et consacrer sa vie aux autres. Le mariage constitue, pour la femme, un exil, une prison, parce qu'il la cantonne dans un cadre bien précis. La citation suivante évoque admirablement cette clôture où la femme est gardée prisonnière:

> En entrant dans l'antichambre où douze chaises, un baromètre, et un grand poêle, de longs rideaux en calicot bordé de rouge, rappelait les affreuses anti-chambres des Ministères, le cœur se serrait; on pressentait la solitude dans laquelle vivait cette femme. La douleur, de même que le plaisir, se fait une atmosphère. Au premier coup d'œil jeté sur un intérieur, on sait qui y règne, de l'amour ou du désespoir . . . Et l'on frissonnait en voyant cette femme assise sur un fauteuil romain . . . ayant perdu ses couleurs, affectant une gaieté menteuse. (pp. 142-43)

La stérilité de la chambre va de pair avec l'apparente stérilité du cœur. Le cœur devient stérile dans la mesure où il est las de cette souffrance imposée: « La baronne, à la fin de la première année de son exil dans cet appartement, avait mesuré le malheur dans toute son étendue » (p. 143). Pourtant, elle doit continuer d'accepter la volonté du mari de peur de susciter son mécontentement: « Il me veut ainsi; que sa volonté soit faite » (p. 143). Comme une martyre, elle souffre, exilée dans la prison où elle fait le jeûne. La souffrance mène à une certaine lassitude, à une certaine indifférence vis-à-vis du corps, ainsi qu'en témoignent la perte d'appétit et un désintérêt pour la vie. La souffrance usurpe la place de l'ennui, du malaise, deux conditions qui caractérisent souvent les existences solitaires. Lisbeth Fischer demande des nouvelles de sa cousine Adeline à la bonne Mariette:

> Mariette, ma fille, dit Lisbeth . . . comment va ma bonne Adeline? . . .
> — Oh! bien, en apparence, mademoiselle; mais, entre nous, si elle persiste dans ses idées, elle se tuera. . . . Vraiment vous devriez l'engager à vivre mieux. D'hier, madame m'a dit de lui donner le matin pour deux sous de lait et un petit pain d'un sou; de lui servir à dîner un hareng, soit un peu de veau froid, en en faisant cuire une livre pour la semaine bien entendu lorsqu'elle dînera seule ici. . . . Elle veut ne dépenser que dix sous par jour pour sa nourriture. Cela n'est pas raisonnable. (p. 143)

L'apathie corporelle ressemble donc à ces « mollesses de la chair » qu'évoque Flaubert dans *Madame Bovary*, où la femme est censée être naturellement incapable de mouvement. Le corps traîne, et, une fois encore, je fais référence à cette notion d'immobilité associée au corps féminin au dix-neuvième siècle. Mais une curieuse contradiction s'opère ici. Bien qu'Adeline continue d'accepter la volonté de son mari de peur de susciter son mécontentement, elle trouve néanmoins dans la souffrance la force motrice pour accomplir la grande mission qu'elle a à remplir sur la terre. De cette façon, l'histoire d'Adeline devient une sorte de Croisade pour sa famille—ce qui semble être le but final de toute vocation maternelle: « Votre mère remplira la mission d'un ange » (p. 38), dit Hulot à son fils.

La mission maternelle est divisée en plusieurs parties. D'une part, elle vise à la cohésion de la famille, comme le reflète la satisfaction qu'éprouve Adeline quand elle voit toute sa famille réunie:

> Cette union si vraie de sa famille fit penser à madame Hulot:
> — Voilà le plus sûr des bonheurs, et celui-là, qui pourrait nous l'ôter? (p. 44)

D'un autre côté, la mère a un engagement envers sa fille. Son devoir se concentre sur la tâche de « marier ma fille et mourir » (p. 15). Ainsi, elle fait un legs à sa fille parce qu'inconsciemment, elle va enfermer sa fille dans la même prison que celle qu'elle occupe. La société impose que la sujétion des femmes continue et elle trouve dans la mère l'intermédiaire pour faire passer son legs. La fille hérite donc la souffrance de la mère, qui, une fois sa mission accomplie, veut vivre par substitution de la vie de sa fille. La filiation utérine reste trop forte pour que la mère puisse abandonner sa fille. L'horreur de la séparation exige que la mère obéisse aux dogmes de la société, obligeant à une transmission de cette souffrance.

Au début, Hortense, elle aussi, souffre de la lâcheté de son amour pour Steinbock:

> Après trois ans de mariage, Hortense était avec son mari comme un chien avec son maître, elle répondait à tous ses mouvements par un regard qui ressemblait à une interrogation, elle tenait toujours les yeux sur lui, comme un avare sur son trésor, elle attendrissait par son abnégation admiratrice. On reconnaissait en elle le génie et les conseils de sa mère. Sa beauté, toujours la même, était alors altérée, poétiquement, d'ailleurs par les ombres douces d'une mélancolie cachée. (p. 147)

Le duo mère-fille conclut un pacte de souffrance, pour ainsi dire, témoignant des liens de sororité, tout comme les bonnes sœurs du couvent. Adeline confie à sa fille: « Nous autres femmes, nous sommes vouées au sacrifice. Je croyais mes malheurs achevés, et ils commencent, car je ne m'attendais pas à souffrir doublement en souffrant dans ma fille. Courage et silence. . . . Mon Hortense jure-moi de ne parler qu'à moi de tes chagrins, de n'en rien laisser voir devant des tiers . . . » (p. 207). Ce lien est important surtout pour la mère une fois que ses fonctions réproductrices se terminent. Quand la mère est vide, elle perd son utilité. Elle ressemble à une machine délabrée qui, ne fonctionnant plus, est reléguée à quelque coin obscur de la maison. Ce rejet mène à des sentiments de vide, comme le dit Balint[14]. La valeur utilitaire ou fonctionnelle de la mère s'épuise au moment où elle ne reproduit plus. Ainsi elle-est aliénée, mélancolique.

Le sentiment de vide peut expliquer cette attitude exagérée vis-à-vis du mari. Le culte du mari est censé servir de soutien à la femme. Lacan dans ses *Ecrits* explique que cet hommage rendu au mari devient un moyen d'identification narcissique avec lui. La femme se dore à la gloire du mari pour effacer ses propres sentiments d'infériorité. Cette identification sert alors de défense pour protéger le moi, d'où l'importance d'une image idolâtre du mari. Autrement dit, le moi s'agrandit à l'image de l'Autre. Brenner souligne l'importance de cette défense qui protège contre l'anxiété[15]. Le statut masochiste protège ainsi contre cette anxiété: « L'idée de la chute de son idole, accompagnée d'une vision indistincte des malheurs que Crevel avait prophétisés, fut si cruelle pour la pauvre femme, qu'elle perdit connaissance à la façon des extatiques » (p. 26). La chute de l'idole va mener à une chute de son amour-propre. Ainsi, l'idéalisation du mari témoigne d'une idéalisation de soi[16]. Cette identification supplée les sentiments d'insuffisance ou de médiocrité éprouvés par le soi, qui revient à cet état de plénitude et d'omnipotence d'autrefois. La mère se voit un moment dans cette position immuable qu'elle occupait dans les temps passés, ce qui semble la soulager momentanément.

Pourtant, cette identification repose sur un trompe-l'œil parce qu'elle est une illusion ou un mirage comme l'appelle Lacan. Ainsi la mère « ne peut que tromper son désir, puisque ce désir est le désir de l'autre, faute d'avoir satisfait à l'identification narcissique, qui l'eût préparée à satisfaire l'un et l'autre en position d'objet »[17]. En réalité, cette transgression fantasmée enfonce la mère davantage dans sa posture abjecte. Chez Adeline, l'abjection prend la forme d'une maladie qui la torture. Cette « maladie d'amour » la crucifie pour ainsi dire. L'amour est comparé à un instrument de torture par Adeline qui dit: « Oui, je voulais emporter mes douleurs au tombeau, comme un suaire de plus. . . . Les hommes, le monde, le hasard, la nature, Dieu, je crois, nous vendent l'amour au prix des plus cruelles tortures. Je payerai de vingt-quatre années de désespoir, de chagrins incessants, d'amertumes, dix années heureuses » (pp. 206-07). L'amour fait périr le corps, et la citation suivante expose bien les ravages de l'amour sur le corps souffrant: « C'était non pas un coup de poignard, mais la mort. La première attaque avait été purement nerveuse, le corps s'était tordu sous l'étreinte de la jalousie, mais la certitude attaqua l'âme, le corps fut anéanti » (p. 213). Le corps anéanti n'offre plus de résistance et se prosterne devant d'autres formes de torture.

Le corps maternel est torturé davantage par cette sublimation de sa sexualité. Le charnel qui est déplacé par le sublime fait souffrir parce que le sublime mène à une neutralité du corps. Réduite à la seule fonction de procréation, la sexualité de la mère n'a qu'une dimension. La jouissance lui est interdite parce que celle-ci ne s'insère pas dans les paramètres masculins de la sexualité féminine. Comme l'explique Irigaray: « A se clore en volume, elle renonce au plaisir qui lui vient de la non-suture de ses lèvres, mère sans doute mais vierge »[18]. La perte de virginité s'effectue par la rupture des lèvres lors de la pénétration masculine. Les lèvres ne se parlent plus et le vagin est voué au silence. Pourtant, le corps maternel vibre, il palpite, comme en témoignent les tics nerveux d'Adeline et ses fréquents tremblements corporels. Le tic devient symptôme d'une vibration génitale (« elle semblait avoir un tic nerveux », p. 223) tandis que les tremblements ressemblent à cet état convulsif du corps pendant l'orgasme. « Elle tremblait de ce tremblement qui depuis ce moment ne la quitta plus. Sa voix pleine de douceur contrastait avec la fièvreuse parole de la femme décidée au déshonneur » (p. 263).

Le déshonneur provient du fait qu'Adeline vit une sexualité coupable. Elle est coupable d'une sexualité qui lui est interdite. L'attitude spirituelle qu'elle est obligée d'adopter est une façade parce qu'elle cache ou plutôt réprime toute une gamme de pulsions cherchant une issue. Elle doit perpétuer ce mythe masculin de la Vierge-mère qui réduit la femme à une impuissance sexuelle, pour minimiser la crainte masculine de la sexualité féminine. Ainsi s'explique l'importance de l'exclusivité du lien filial avec sa fille. Mère et fille peuvent se toucher, se re-toucher constamment dans l'intimité de leur position, sans l'intrusion d'une tierce personne. Dans cet 'engagement clitoridien' la mère caresse, dorlote, et la fille, par reconnaissance, s'offre comme « digne fille de sa mère » (p. 185).

Pourtant, Hortense se fatigue de ce rôle traditionnellement attribué à la femme. Elle exprime sa révolte: « J'accepterais la mort d'un coup; mais je ne veux pas être malade pendant vingt-cinq ans comme ma mère » (p. 214). Elle se sépare de son mari quand elle est mise au courant de ses infidélités, à la grande consternation de sa mère. Cette séparation provoque l'angoisse de la mère qui voit dans cette action d'auto-affirmation un effort pour briser le moule qui la lie à sa fille. Cette rupture du legs maternel va, en même temps, mener à une distanciation de la mère par cette quête de l'indépendance. La mère se fait du souci pour sa fille qui risque d'échapper à sa protection. Comme elle le dit: « Une mère peut-elle voir froidement sa fille dépérir sous ses yeux? Quel sera le sort d'une si magnifique créature aussi forte de sa vie chaste . . . » (p. 17). Cette séparation imminente trouble la mère qui ne veut plus sombrer dans ses sentiments de vide. Donc, le lien avec la fille est absolument essentiel pour ses sentiments d'amour-propre. De plus, l'abandon du rapport va, pour ainsi dire, mettre fin à la vie de la mère qui jouit de la vie de sa fille. Sans Hortense, « sans cette nécessité qui poignait mon cœur de mère » (p. 15), comme elle s'exclame, Adeline va perdre sa raison d'être.

Pourtant, cette révolte n'est pas facile pour Hortense. Son comportement est qualifié de bizarre par sa famille, parce qu'il va contre l'exécution de l'ordonnance masculine. Son rejet d'un rôle stéréotypé est considéré comme un acte de folie. Chesler, dans son étude exemplaire sur les femmes et la folie, décrit la folie comme l'expérience de celles qui sont en désaccord avec un rôle qui leur est prescrit. La folie devient l'expression d'une évasion de cette vie minimale. Hortense, consciente de la désapprobation de sa famille, éprouve cette folie quand elle dit: « Je sens la folie à deux pas de moi » (p. 225). Sa folie résulte de son malaise dans une situation qui l'opprime. Autrement dit, elle s'adapte mal à son rôle désigné et elle cherche une évasion. Cependant, toutes ses sorties sont bloquées. Elle est impuissante, comme un agent indépendant, dans ses efforts de battre en brèche la grande forteresse que constitue la toute-puissante institution du mariage: « Pourquoi ne suis-je pas entrée dans un couvent, au lieu de me marier! Ma vie n'est plus à moi, j'ai un enfant, ajouta-t-elle en sanglotant ». (p. 224). L'indépendance est soumise à la perpétuation d'une tradition qui soutient la primauté masculine. Le mariage constitue donc un lieu d'oppression pour la femme au dix-neuvième siècle. Il condamne ainsi la femme à la peine de mort. Souffrante, elle attend anxieusement le terme de sa condamnation au régime cellulaire.

Il y a d'autres efforts d'évasion d'un rôle claustrophobique. Adeline, malgré son acceptation aveugle du rôle maternel, essaie de jouer un autre rôle. Il s'agit de la séduction qu'elle exerce pour obtenir les faveurs de Crevel qui, seul, pourrait sauver sa famille de la ruine. Elle est prête à tout faire pour le séduire: « Ah, je ferai tout! s'écria la malheureuse femme. Monsieur, je me vendrai, je deviendrai, s'il le faut, une Valérie » (p. 262). Elle est prête à se prostituer à « salir ma vie, jusqu'ici pure, par une intention ignoble » (p. 263). Pourtant, sa séduction révulse plutôt qu'elle ne titille la vanité de Crevel. Sa spiritualité est trop évidente malgré elle. Pour Crevel, toucher le sacré est prise sur le sacrilège. Comme il l'explique: « Ma petite mère, vingt-cinq ans de vertu, ça repousse toujours, comme une maladie mal-soignée. Et votre vertu a bien moisi, ici, ma chère enfant » (p. 262). Adeline est trop bien encadrée dans son auréole de spiritualité pour tenter une séduction, qui, en revanche, devient grotesque. C'est la caricature d'une séduction qui provoque l'horreur plutôt que le plaisir.

Crevel exprime la vérité de cette situation lorsqu'il proclame: « Je viens de voir le désespoir de la vertu » (p. 266). Adeline, au lieu d'avoir remporté une victoire, souffre par contre de sa profonde humiliation qui provient d'un rôle mal joué. « Assez! monsieur Crevel, dit madame Hulot en ne déguisant plus son dégoût et laissant paraître toute sa honte sur son visage. Je suis punie maintenant au delà de mon péché. . . . Je n'ai plus de fierté, je ne me courrouce point comme jadis, je ne vous dirai pas: « Sortez! » après avoir reçu ce coup mortel. J'en ai perdu le droit . . . » (p. 263). Sa révolte se termine, au contraire, sur un sentiment plus profond d'infériorité et d'abnégation, et elle est punie pour avoir transgressé ses limites. Avant la mort, elle cherche la rédemption en offrant à son mari son ultime sacrifice, celui de s'effacer de sa mémoire après une longue vie de service, en disant: « Mon ami, je n'avais plus que ma vie à te donner; dans un moment tu seras libre, et tu pourras faire une baronne Hulot » (p. 379).

Ainsi s'achève l'existence tragique d'Adeline où « la férocité du Vice avait vaincu la patience de l'ange » (p. 379). Point de salut pour la mère. Elle est vouée à une damnation éternelle.

Chapitre IV

L'Homosexualité féminine—une utopie?

LE PESSIMISME PROFOND DU CHAPITRE précédent résulte de cette élimination de la femme à travers une sexualité qui lui a été imposée par un ordre répressif. Le déséquilibre du rapport hétérosexuel, qui souligne la prééminence du principe masculin, mène à des conditions peu favorables obligeant la femme à vivre sa sujétion sociale, politique et corporelle. Contrainte de se conformer, de peur de provoquer l'opinion publique, la femme se trouve ainsi dans une position d'abjection, courant le risque de perdre totalement son identité, sa personne même. La fuite dans l'homosexualité devient donc, pour elle, un refuge contre la tyrannie masculine. Cette étude ne va pas analyser la genèse ou la psycho-biologie de la position homosexuelle chez la femme, mais va, par contre, se concentrer sur l'importance de la relation femme à femme dans un cadre phallocentrique, et ceci comme effort que fait la femme de re-trouver sa spécificité dans une autre sexualité qui lui est plus agréable. Je suis tentée de voir l'homosexualité féminine comme la révolte de la femme contre une sexualité oppressive, la revendication d'une sexualité qui plaît et ranime plutôt qu'elle n'opprime.

Avant d'aller plus loin, arrêtons-nous un moment sur les réactions que provoque de tout temps cette révolte. Freud proclame l'homosexualité féminine une perversion, une aberration de la sexualité dite normale parce qu'elle échappe aux paramètres masculins en s'insérant dans une réalité autonome. L'homosexuelle a été caractérisée comme régressive, précoce avec un développement psycho-sexuel défaillant. L'homosexualité féminine échappe à la compréhension de Caprio qui la considère comme une menace à l'équilibre de la structure sociale[1]. Son attitude négative se trouvait renforcée dans l'opinion courante des psychologues et des psychiatres du temps, qui qualifiaient l'homosexualité féminine de malformation, d'anomalie très proche d'une véritable pathologie. L'idée qu'une femme puisse avoir une sexualité homo, c'est-à-dire, une sexualité qui lui appartient sans médiation du principe masculin est inconcevable, inacceptable pour la psyché mâle qui y voit un acte de subversion destiné à bouleverser l'ordre existant des choses. Examinons maintenant les raisons de cette attitude défensive tout en élaborant une esthétique de l'homosexualité féminine telle qu'elle se dégage de deux romans balzaciens, *La Cousine Bette* et *Béatrix*. Je vais diviser mon étude en trois parties. La première va analyser le rapport entre Lisbeth Fischer et Valérie Marneffe dans *La Cousine Bette,* où je vais étudier les fantasmes homosexuels qui existent dans l'amour féminin. Les deux autres parties vont traiter des questions de fétichisme et du travesti féminin comme défenses qu'adopte la femme, une fois que ses efforts pour se re-découvrir dans sa sexualité homosexuelle se trouvent annulées par un régime trop paranoïaque, trop avide de maintenir le sceptre du pouvoir.

Lisbeth et Valérie expriment leur révolte dans la puissance de l'amitié qu'elles éprouvent l'une pour l'autre, témoignant ainsi du « sentiment le plus violent que l'on connaisse, l'amitié d'une femme pour une femme »[2]. La force de cette amitié provient de son caractère homophile, de ce principe de lien féminin qui exclut toute participation masculine, au point où « le féminin même de l'homme n'aurait aucun accès »[3], comme le soulignent Granoff et Perrier. L'amitié se concrétise en un pacte bien solide, infranchissable, menaçant: « Lisbeth et Valérie offraient le touchant spectacle d'une de ces amitiés si vives, si peu probables entre femmes, que les Parisiens, toujours trop spirituels, les calomnient aussitôt. Le contraste de la mâle et sèche nature de la Lorraine avec la jolie nature créole de Valérie servit la calomnie » (p. 136). La désapprobation publique se soulève contre cette amitié « si peu probable » parce qu'elle présente un caractère énigmatique, incompréhensible pour une société trop bien conditionnée par la doctrine masculine de l'époque. L'amitié féminine bouleverse, pour ainsi dire, la loi des oppositions qui caractérise normalement le raisonnement masculin qui compartimente tout en noir et en blanc. Cette amitié devient énigmatique par le fait qu'elle subvertit la logique binaire en se situant dans la partie grise, non figurable, incompréhensible.

Sarah Kofman, dans *L'Enigme de la Femme*, tout en évoquant cette notion de révolte ou de protestation contre une sexualité féminine répressive, qualifie l'homosexualité féminine comme le paradigme de toute énigme. La femme est par nature énigmatique par la bi-polarité de sa structure psycho-sexuelle. Autrement dit, la théorie psychanalytique attribue à la femme une disposition bisexuelle inhérente en l'obligeant à se séparer de la mère, son premier objet d'amour, pour s'attacher au père afin de pouvoir élaborer son Œdipe et réaliser sa pleine poussée vers la féminité. D'une disposition d'abord homosexuelle avec la mère, la fille est donc censée passer au rapport hétérosexuel avec le père sans perturbation apparente. Chaque déviation de la piste prescrite, qui ralentit le processus du « devenir-femme » souligné par Freud et d'autres, devient une anomalie, une régression qui dénature la femme. Pourtant, il faut souligner que la complexité de la sexualité féminine provient du fait qu'elle ne suit pas de logique linéaire, à la différence de sa contrepartie masculine qui témoigne d'une certaine progression avec la structuration d'Œdipe. L'essence de la sexualité féminine reste insaisissable parce qu'elle échappe à une définition précise. Sa spécificité vient du fait qu'elle porte sur ce que j'appelle « une logique interne » à la compréhension féminine qui surprend par son caractère global et universel. Cette logique archaïque dépasse ainsi les limites étroites du classement catégorique masculin qui demande des structures bien rigoureuses, bien établies. Je me hâte d'expliquer tout de suite que mon emploi du terme « archaïque » n'a rien de péjoratif. Loin d'impliquer une pensée régressive ou surannée, j'utilise le mot pour désigner cette pensée progressiste qui caractérisait le primat du féminin dans les temps antiques.

Ainsi la sexualité féminine comprend un caractère global et expansif. Cela s'explique par le fait qu'à cause de la difficulté à renoncer complètement à une position sexuelle (qu'elle soit homo ou hétéro) au profit de l'autre, la fille garde en elle les germes d'une structure psycho-sexuelle bipolaire. Le couple Valérie/Bette témoigne de cette bisexualité: « Le contraste de la mâle et sèche nature de la Lorraine avec la jolie créole de Valérie » (p. 136). La fusion androgyne qui aspire à la recréation d'une sexualité idéale, originelle, devient, pour la femme, la seule façon de retrouver sa spécificité dans une sexualité qui élimine la présence masculine active. La bisexualité de la femme lui permet de jouir d'une sexualité plus satisfaisante parce qu'elle trouve, en elle-même ou chez une autre femme, les moyens de parvenir à la pleine élaboration de sa jouissance. J'y reviendrai un peu plus tard.

De cette façon, la posture homosexuelle devient un voyage en quête de ses origines perdues, l'effort de la femme pour se re-découvrir dans l'utopie que constitue ce monde matriarcal archaïque. Je qualifie ce monde d'utopique parce qu'il ne connaît pas de limites. C'est un monde qui vise la libre expansion de l'individu parce qu'il n'y a pas de lois oppressives pour la femme. Lasse de se prosterner devant les oppressions masculines, l'homosexuelle essaie de s'affirmer pour renouer la filiation ombilicale avec la mère, le premier paradis connu par la fille, son premier et seul Eden. Ainsi, la fille re-trouve son identité dans la singularité de ce rapport vécu avec sa mère. Elle parvient à un état de rétablissement physique et psychique avec la mère, si important pour surmonter les traumatismes subis sous l'instance paternelle. La fragmentation du corps éprouvée dans la perspective masculine cède la place à une certaine cohésion de soi, où pour la première fois, la femme se voit comme un être unifié, non-différencié ou plutôt « indifférent », pour emprunter un mot d'Irigaray dans « Quand Nos Lèvres Se-Parlent ». Cet état d'indifférence provient du fait que, dans la logique archaïque féminine, la logique spéculaire masculine perd sa pertinence[4].

Ainsi, le duo Valérie/Bette trouve sa spécificité dans l'économie d'un rapport réciproque, où, « toutes les deux, elles s'étaient juré d'être comme deux sœurs » (p. 138). Cette fusion des corps, des identités mêmes, où l'une ne bouge pas sans l'autre est explicite dans le passage suivant: « Lisbeth pensait, madame Marneffe agissait. Madame Marneffe était la hache, Lisbeth était la main qui la manie » (p. 141). Les deux corps qui ne font qu'un se complètent, pour ainsi dire: « Comme on le voit, ces deux femmes n'en faisaient qu'une » (p. 140). Le corps est unifié par cette position mutuelle qui subvertit le caractère unilatéral de l'échange. L'échange qui se trouve toujours au profit du masculin est éliminé par cette espèce d'absorption mutuelle, par cette diffusion qui délégitimise la structuration de l'échange. Autrement dit, la structure binaire qui caractérise tout système d'échange (et, par là, toute structure masculine) s'écroule devant cette osmose, cet effacement des structures délimitantes. La dualité devient mutualité comme le précise Simone de Beauvoir dans *Le Deuxième Sexe*. Cela s'effectue par une compréhension mutuelle presque intuitive de la psychologie et de la physiologie féminine—tout ce qui ne pourrait se passer que dans le cadre femme-à-femme. Mère et fille se comprennent, elles sont sensibles à leurs moindres besoins. Elles s'éprouvent par cet art de communauté d'âme, si important pour toute relation réussie. Le rapport Valérie/Bette est ainsi une reconstitution du scénario pré-œdipien où la fille s'attache à la bonne mère qui nourrit et satisfait. Cet attachement s'intensifie par le fait que chacune a quelque chose à offrir à l'autre. Pour la première fois, Lisbeth surmonte la neutralité imposée à son corps. Elle subit une véritable transformation par cet amour prodigué par Valérie: « Lisbeth entrée dans l'existence qui lui était propre, y déployait toutes ses facultés. . . . Aussi la régénérescence de sa personne était-elle complète » (p. 141). Quelle est la nature de cet amour féminin?

Tout d'abord, l'amour féminin porte sur une acceptation mutuelle. Lisbeth et Valérie s'acceptent pour ce qu'elles sont. Elles n'ont pas besoin de jouer la comédie pour obtenir le consentement de l'autre. Ainsi, l'amour féminin devient une expérience authentique parce qu'il libère la femme d'un rôle stéréotypé attribué à son sexe[5]. Le cadre homosexuel permet donc à la femme de se retrouver, en lui offrant une plus grande flexibilité pour jouir de son corps et de ses plaisirs. Comme le souligne Monique Wittig dans « Paradigm », l'homosexualité résiste à la norme[6]. Cette résistance mène à l'épanouissement de l'individu qui ne se plie plus sous le poids des structures restrictives. La norme a fait de Lisbeth une anomalie, une caricature, une femme qui n'en était pas une. Rejetée par la société, elle trouve néanmoins auprès de Valérie sa spécificité. Valérie l'admire et lui donne le respect qu'elle mérite. Pour ainsi dire, elle la revalorise:

> Une immense révolution s'était accomplie chez la cousine Bette. Valérie, qui voulut l'habiller, en avait tiré le plus grand parti. Cette singulière fille, maintenant soumise au corset, faisait fine taille. . . . Ainsi restaurée, toujours en cachemire jaune, Bette eût été méconnaissable à qui l'eût revue après ces trois années. . . . Qui voyait Bette pour la première fois, frémissait involontairement à l'aspect de la sauvage poésie que l'habile Valérie avait su mettre en relief en cultivant par la toilette cette Nonne Sanglante, en encadrant avec art par des bandeaux épais cette sèche figure olivâtre où brillaient des yeux d'un noir assorti à celui de la chevelure, en faisant valoir cette taille inflexible. (p. 136)

L'amour de Valérie pour Bette se traduit au moyen des soins qu'elle lui prodigue, culminant en la transformation de celle-ci. Comme la bonne mère, Valérie s'occupe de sa Bette. En reconnaissance, Lisbeth offre à Valérie la loyauté d'une amie dévouée et fidèle: « A toute épreuve . . . s'écria joyeusement madame Marneffe, heureuse d'avoir un porte-respect, un confident, une espèce de tante honnête » (p. 93). Ainsi, l'amour féminin a un caractère expansif parce qu'il n'est pas à une dimension. Il ne se limite pas uniquement à la génitalité, ce qui caractérise généralement le rapport hétérosexuel, mais cherche une expression plus élaborée. Le corps-à-corps avec une autre femme ne comprend pas seulement le rapport sexuel, mais, au contraire, va au-delà de la sexualité. L'amour féminin vise une sorte de plénitude d'expression en soulignant l'importance du sentiment d'intimité: « Elle adorait d'ailleurs Valérie, elle en avait fait sa fille, son amie, son amour, elle trouvait en elle l'obéissance des créoles, la mollesse de la voluptueuse, elle babillait avec elle tous les matins avec bien plus de plaisir qu'avec Wenceslas, elles pouvaient rire de leurs communes malices, de la sottise des hommes . . . » (p. 141). L'intimité féminine va bien au-delà d'une simple intimité sexuelle qui est souvent de courte durée. Aussi faut-il préciser que ce qui est en jeu dans la relation Valérie/Bette ce sont des fantasmes homosexuels plutôt que l'acte proprement dit. La femme cherche la restitution des valeurs sublimes comme le dévouement, la générosité etc, jadis exaltées. Non satisfaite de ses prouesses sexuelles avec les hommes qui faisaient d'elle l'objet de leurs désirs, ce que voulait Valérie, ce dont elle avait besoin réellement, c'était d'une amie dévouée, d'une confidente: « Aussi, depuis quelques jours éprouvait-elle le besoin d'avoir auprès d'elle, à l'instar de sa mère, une amie dévouée à qui l'on confie ce qu'on doit cacher à une femme de chambre, et qui peut agir, aller, venir, penser pour nous » (p. 94). Elle cherche quelqu'un avec qui s'entendre et c'est chez Lisbeth qu'elle trouve ce qu'elle cherche. Les deux femmes élaborent un pacte fondé sur l'amour et sur la loyauté où, « nous nous aimerons bien, et pourquoi nous quitterions-nous? . . . Adieu, ma petite, dit brusquement Lisbeth, nous ne nous quitterons plus jamais » (p. 91, 93).

Le pacte féminin devient redoutable par le fait qu'il s'agit ici de la réunion des deux forces féminines les plus fortes—celle de la femme-araignée et de Dalila, coupeuse de cheveux. Le « mariage » de ces deux puissances s'effectue surtout par les liens de parenté et de communauté qui existent entre les deux femmes. Les deux s'unissent pour chercher la justice contre les injustices de la société[7]. Valérie épouse le procès de Lisbeth contre la famille Hulot. Elles travaillent ensemble pour élaborer « les effets produits par la haine persistante et latente de Lisbeth, toujours aidée par madame Marneffe » (p. 300). Valérie et Lisbeth plaident une cause commune—celle de la légitimation du statut de la femme dans une société phallocentrique qui emprisonne la femme en la figeant dans des rôles prédéterminés et limités. L'union des deux forces féminines vise la destruction des cadres et des rôles en permettant à la femme de « briser ses chaînes » pour parvenir à la liberté. Cela s'effectue encore une fois par ce processus de diffusion ou de mélange des rôles, où la femme pourrait se multiplier, au lieu de se limiter à une seule dimension. Ainsi Valérie et Lisbeth n'étaient

pas seulement de bonnes amies, mais encore, elles se sont faites » . . .
fille . . . amie . . . . amour » (p. 141). La femme avait en elle, une multiplicité qui a été réprimée par le principe unifiant du masculin. La femme « à
plusieurs têtes » a été médusée pour contenir sa présence envahissante.
C'est justement dans la dimension homosexuelle que la femme pourrait
retrouver sa spécificité multiple et en jouir.

    Cette jouissance provient de la multiplicité de ses organes sexuels
évoquée par Irigaray. Le couple Valérie/Lisbeth fait preuve de cette multiplicité où la fusion de leurs deux identités témoignent de la plurivocalité de la
sexualité féminine. Irigaray décrit le pluralisme des plaisirs féminins qui ne
se limitent pas uniquement aux zones érogènes traditionnellement attribuées
à la femme, c'est-à-dire, le clitoris et le vagin. L'érotisme féminin se
diffuse partout dans son corps où, comme elle le souligne, la femme n'a pas
à choisir entre le clitoris ou le vagin, mais, au contraire, elle peut jouir du
clitoris et du vagin et des lèvres, et de la vulve et des seins etc. La diversité
du plaisir féminin provient de « la caresse des seins, le toucher vulvaire,
l'entr'ouverture des lèvres, le va-et-vient d'une pression sur la paroi
postérieure du vagin, l'effleurement du col de la matrice etc . . . »[8]. Le
plaisir vient des caresses douces qui titillent le corps, tout comme les soins
de la mère ont éveillé les premières curiosités sexuelles de la fille. L'importance est donc accordée à la main, au toucher dans le plaisir homosexuel, en
souvenir de ces premières séductions tentées par la mère. La main apaise,
calme, rassure et le corps s'enivre d'une langueur délicieuse. L'exploration
du corps par la main, l'auto-érotisme du corps implique un état d'auto-
suffisance où la femme peut jouir sans le choc produit par la pénétration
masculine. L'agressivité du rapport hétérosexuel se trouve adoucie dans le
rapport homosexuel où il ne s'agit que de légers touchers. Le corps qui était
clivé dans sa sexualité à l'intérieur des paramètres masculins trouve
maintenant son unité par cette diffusion de ses plaisirs et de ses parties
sexuelles. D'ailleurs, selon Irigaray, la femme éprouve un plaisir sexuel
continu par « son sexe qui se re-touche indéfiniment lui-même » (*ibid.,* p.
26.). Son plaisir ne dépend pas uniquement de la rupture de ses lèvres,
mais, au contraire, la proximité de ses organes la met en contact constamment avec elle-même. La jouissance féminine est continue, éternelle. De
cette façon, Lisbeth n'a pas à attendre la rupture de l'hymen pour réaliser sa
féminité. Valérie l'introduit à la féminité par ses soins, par sa sollicitude
maternelle. Son toucher « ranime », pour ainsi dire, Bette, qui subit une
véritable transformation: « Es-tu belle, ce matin! dit Lisbeth, en venant

prendre Valérie par la taille et la baisant au front. Je jouis de tous tes plaisirs, de ta fortune, de ta toilette . . . . Je n'ai vécu que depuis le jour où nous nous sommes faites sœurs » (p. 177).

Otto Rank, dans une admirable étude sur le double, a souligné le côté érotique d'une telle identification. Le thème du double subvertit, pour ainsi dire, le binarisme de deux termes opposés, dans ce cas, mobilisation/ non-mobilisation des pulsions érotiques. La fusion de deux identités, dont l'une est caractérisée par son impuissance (impuissance imposée bien sûr) et l'autre par sa sensualité trop ouverte, mène à un rajeunissement sexuel de la première. Cette osmose de la sexualité, si nécessaire pour la restauration de l'équilibre du Moi, donne de nouvelles énergies à Bette. Elle renaît par cette introduction au monde des plaisirs féminins, « où les deux amies se disaient crûment leurs moindres pensées sans prendre de détours dans l'expression » (p. 141). Elle perd ses sentiments d'infériorité et d'insuffisance dans le domaine féminin où il n'existe que de l'égalité et des liens de sororité. Il est important de signaler que les adjectifs utilisés pour désigner son personnage se caractérisent maintenant par une certaine « ouverture », une effusion. La raideur de ses traits est remplacée par une figure « resplendissante » (p. 141), la fixité de la personne cède la place à une « régénérescence » (p. 141). Bette éprouve un véritable épanouissement aux mains de Valérie par la richesse de leur amour, la vitalité de leur amitié: « Lisbeth avait d'ailleurs rencontré, dans son entreprise et dans son amité nouvelle, une pâture à son activité bien autrement abondante que dans son amour insensé pour Wenceslas » (p. 141). Les insatisfactions de l'amour hétérosexuel se trouvent soulagées par la connaissance de cet amour féminin expansif.

A ce stade, essayons d'expliquer la genèse de ce coup de foudre que Valérie et Bette éprouvent l'une pour l'autre. Valérie, par sa beauté et son charme, personnifie le modèle même de la splendeur féminine: « Valérie offrait, dans toute sa gloire, à Lisbeth, cette beauté qu'elle adorait, comme on adore tout ce qu'on ne possède pas; beauté bien plus maniable que celle de Wenceslas qui, pour elle, avait toujours été froide et insensible » (p. 141). Bette voit en Valérie, la femme qu'elle aurait toujours voulu être »[9]. En elle, Bette reconnaît cette Dalila qui lui permettra de se venger d'une société masculine qui l'a mise dans une position honteuse et ridicule. Ce que Valérie admire en Bette, c'est son énergie et son intelligence indomptables, doublées d'une maîtrise intuitive des situations. Elle est frappée par le caractère passionné de Bette où « elle avait reconnu le vrai caractère de cette ardente fille passionnée à vide, et voulait se l'attacher . . . » (p. 95). Bette et Valérie s'unissent par la force de cette passion qui ne trouve vraiment pas de satisfaction dans la relation hétérosexuelle.

Constamment obligée de fabriquer le plaisir pour l'Autre, en tant que prostituée, Valérie ne possédait pas de plaisir qui lui était propre. Elle restait ainsi hors plaisir dans le cadre hétérosexuel, où sa seule fonction était de faire jouir l'Autre. L'impossibilité de prendre du plaisir pour soi-même menait à des états frustrants, ce qui pourrait peut-être expliquer cette attitude de Méduse qu'elle adopte[10]. Elle se fatigue de son rôle de machine à fabriquer le plaisir et cherche une expérience plus agréable. Bette aussi, en tant que vierge, est réduite à un état de neutralité qui l'empêche de jouir de son corps. Son corps est décrit d'une façon grotesque et il devient objet de répulsion et d'horreur. Sa rage contre la famille Hulot et son goût de la vengeance deviennent la sublimation d'une sexualité livrée aux frustrations de toutes sortes. L'état de frustration devient « la passion commune », déjà évoquée, qui unit les deux femmes. Cette passion s'apaise dans le cadre homosexuel[11].

L'homosexualité devient une enquête qui met en question la raison d'être même de l'ordre hétérosexuel. Elle bouleverse certaines idées préconçues sur la sexualité en général, la division des sexes et le statut de la femme et de ses plaisirs. Elle renverse le code social qui accorde à la femme un statut peu favorable. La question homosexuelle a invalidé ainsi la rigidité des catégorisations sexuelles par cette nature glissante de la sexualité féminine, cette diffusion qui résiste à toute définition précise. Cela élargit considérablement les paramètres de cette sexualité en lui permettant de fonctionner hors d'un modèle prescrit. Ainsi, elle minimise, sinon annule, la présence masculine, comme nous l'avons déjà évoqué, par l'élaboration d'une autre forme de jouissance qui n'a rien à voir avec la fonction procréatrice. De plus, la jouissance n'est pas limitée aux sensations vaginales, la seule forme de plaisir dont la femme pourrait jouir dans le cadre hétérosexuel. Tout autre plaisir est qualifié d'anormal, de régressif et, par là, d'inacceptable. Par contre, chez l'homosexuelle, il n'est pas question de jouissance acquise, c'est-à-dire imposée ou orchestrée par l'Autre. La femme est en jouissance constante avec elle-même, inventant ainsi une sexualité féminine autre, comme le souligne Irigaray dans *Le corps-à-corps avec la mère*. L'homosexualité est donc une quête pour la spécificité de la femme cherchant une re-définition et une re-évaluation de certaines notions préconçues, un peu trop bien gravées dans l'esprit masculin.

L'aspect subversif d'un tel acte ne peut pas être ignoré par la société qui lance sa contre-offensive. Sa première stratégie réside en cette mise à mort précoce de Valérie par injection orale du sérum administré par le comte brésilien. Le poison fait périr le corps et détruit le cordon ombilical qui unit les deux femmes. L'empoisonnement du cordon fait passer ainsi le poison dans le corps de Bette qui se trouve « suffoquée par les miasmes délétères » (p. 362). La mort d'une partie du doublet ne pourra que nécessiter la mort de l'autre qui ne trouve pas assez de force pour exister toute seule. Le corps s'affaiblit sous les effets du poison qui l'enivre: « Les dents de la cousine Bette claquèrent, elle fut prise d'une sueur froide, elle eut une secousse terrible, qui révéla la profondeur de son amitié passionnée pour Valérie » (p. 359). Par cette rupture filiale, le corps retourne à cet état de fragmentation éprouvé après la séparation brusque avec la mère où la femme devient l'image spéculaire de l'unité masculine. Obligée de se rendre compte de son clivage originaire, la femme devient victime d'une série de perturbations psycho-sexuelles, mises en évidence dans la deuxième partie du chapitre 1. Ses efforts pour réaliser la cohésion de sa personne sont annulés par une société trop menacée par le caractère redoutable que présente la force féminine composite. Avec la rupture du cordon, ou plutôt avec son arrachement, il ne reste que des fragments dispersés pêle-mêle. La mort de Valérie laisse Bette dans le vide, dans cette existence fragmentée, parce qu'une fois encore, elle doit se rendre compte de sa posture inférieure. Elle est immobilisée par ses sentiments d'insuffisance, par son manque qui pétrifie son corps. « Lisbeth resta pétrifiée à trois pas du lit où mourrait Valérie (p. 360). De plus, la poussée de la passion qu'elle éprouve pour Valérie, cette « force despotique », (p. 360) ne trouve pas d'issue dans le corps pétrifié. Le corps éclate sous le poids de cette force et Bette meurt de « l'affreuse agonie d'une phtisie pulmonaire » (p. 377).

L'amour féminin est donc voué à une fin tragique. Cette quête d'une utopie féminine renverse l'ordre des choses, par le fait que l'homme, s'il existe, n'a qu'une valeur très minime. Un tel état, création d'une nouvelle spécificité féminine qui frise le blasphème, est considéré comme un crime. L'homosexuelle est coupable d'une sexualité perverse parce que subversive, et comme toute criminelle, elle mérite la punition. La femme était punie non seulement parce qu'elle possédait une sexualité, mais plus précisément, et pire, parce que cette sexualité allait contre la norme.

Quelles étaient les possibilités, s'il y en avait vraiment, pour la femme de jouir de sa sexualité homosexuelle? La première possibilité était

la posture fétichiste qu'elle adopte, en se permettant une jouissance artificielle, aseptique, une sorte d'amour par déplacement. Mon analyse se
concentre ici sur une dimension du rapport ou plutôt du non-rapport entre
Lisbeth Fischer et sa cousine Adeline.

La question du fétichisme dans *La Cousine Bette* devient problématique par le fait qu'il s'agit du désir d'une femme qui n'est pourtant pas
considérée comme une femme à cause de sa neutralité sexuelle. Ainsi, les
aspirations fétichistes de Lisbeth traduisent son désir de parvenir à la pleine
féminité par l'intermédiaire de la femme-phallus. Cette tentative va modifier
quelques notions dans le schéma que doit suivre le processus de fétichisme
décrit par Naomi Schor et d'autres[12].

Commençons par la définition que nous donne Greenacre du fétichisme. Il dit qu'on peut décrire le fétichisme comme une partie intégrale de
l'acte sexuel, indispensable à la jouissance. L'objet-fétiche peut être une
autre partie du corps, des vêtements, ou, moins souvent, un objet impersonnel[13]. La position fétichiste de Bette vis-à-vis d'Adeline devient un
symptôme, une réaction aux traumatismes subis dans l'enfance: « La fille
qui vivait en commun avait immolé la fille vulgaire à la jolie fille, le fruit
âpre à la fleur éclatante. Lisbeth travaillait à la terre quand sa cousine était
dorlotée (p. 27). Placée dans une position inférieure, victime d'une attitude
désobligeante, Lisbeth doit accepter son infériorité dès son enfance à cause
de son apparence physique. Elle envie donc à sa cousine sa bonne fortune
et adopte une attitude très ambivalente vis-à-vis d'elle. La première chose
qu'elle envie à sa cousine est sa beauté resplendissante, « la fleur éclatante »
(p. 27) de sa féminité. Adeline se trouve dans une position avantageuse
parce qu'elle incarne une beauté sublime, qui fait d'elle le modèle même de
la féminité, avec ses airs doux et gracieux: « Aussi lui arriva-t-il un jour,
trouvant Adeline seule, de vouloir lui arracher le nez, un vrai nez grec que
les vieilles femmes admiraient. Quoique battue pour ce méfait, elle n'en
continua pas moins à déchirer les robes et à gâter les collerettes de la
privilégiée » (p. 27).

Bette envie à Adeline sa beauté, et c'est cela qu'elle veut lui arracher
pour minimiser ses propres sentiments d'infériorité. Cette allusion au nez
est significative. La valorisation d'Adeline à cause de son nez provient du
fait que le nez est le symbole de la beauté féminine classique. J'avance la
théorie que pour Bette, une femme valorisée pour son nez est une femme
valorisée pour son sexe. Le nez, pour Bette, vient représenter le sexe
féminin. La démarche fétichiste consiste en une sexualisation d'une partie

du corps qui est associée à l'organe sexuel et plus apte à remplir une fonction sexuelle. L'attention est déplacée de l'organe sexuel proprement dit à un substitut corporel. Le nez devient ainsi substitut du sexe féminin. Je suis tentée de voir, dans la tentative d'arracher le nez d'Adeline, l'effort que fait Bette de reconstituer la primauté de la jouissance clitoridienne vécue avec la mère. L'action d'arracher porte sur l'excitation génitale et je la rapproche de la masturbation, cet engagement clitoridien qui existe entre mère et fille. Bette témoigne de ses propensions homosexuelles en incitant sa cousine à la masturbation. L'objet est choisi parce qu'il remplit la fonction narcissique de satisfaire le côté anal de son érotisme.

Le fétichisme féminin, ainsi que l'ont montré Sarah Kofman, Naomi Schor, George Bonnet et d'autres, se situe dans la problématique d'être ou d'avoir le phallus. Il personnifie la dialectique ambiguë qui existe chez la femme, due à sa disposition bisexuelle. Cette ambiguïté, cette indécision, dépend de son identification au phallus masculin ou féminin. Granoff et Perrier[14] affirment que la femme fétichiste se réfère au phallus masculin dont elle affirme l'absence. En même temps, elle s'identifie au phallus maternel qu'elle voulait être. Je pense que l'identification de Lisbeth porte sur la problématique d'être le phallus. Cette préoccupation pour le nez devient une préoccupation pour le phallus maternel qu'Adeline personnifie. Le rapport avec Adeline devient alors le rapport au phallus maternel, qui, selon Eisenbind, sert à maintenir l'unité homosexuelle avec la bonne mère[15]. Bette veut se faire à l'image de la mère. Elle veut se réunir à une femme après les déceptions connues dans le cadre hétérosexuel. L'identification au phallus (Adeline *est* le phallus) lui donnerait tout ce qu'il faut pour surmonter ses sentiments de honte et d'insuffisance.

Ainsi, le fétichisme a, pour elle, une fonction largement réparatrice. Le rôle réparateur du fétichisme consiste en cette négation des sentiments de castration. Les sentiments de castration de Bette portent sur la sexualité indéterminée qui lui est imposée. Elle se sent châtrée, parce qu'elle ne se considère pas comme une vraie femme à cause de son état de neutralité sexuelle. Le fétichisme devient ainsi un acte d'auto-affirmation contre le fait de la castration. Smirnoff, en évoquant la transaction fétichiste s'interroge: « Peut-on dire pour autant que la fonction de cet objet n'ait d'autre but que d'assurer, de stabiliser la génitalité incertaine du sujet à la fois victime d'un vécu corporel particulièrement labile, d'une identification primaire dont il n'arrive pas à se dégager et d'une angoisse de castration qui ne lui laisse le choix que de renoncer à la sexualité ou de choisir un objet (homosexuel) porteur de phallus? »[16]

Le fétiche rassure parce que c'est un objet tangible, objet externe qui satisfait au toucher. Le toucher mène à une sorte de manipulation de la jouissance qui soulage momentanément les aspirations sexuelles. Ainsi, le fétiche sert de garant au plaisir sexuel parce qu'il devient « témoin à la fois insignifiant et précieux, manipulé mentalement ou gestuellement, où se cache et se préserve à jamais ce qui ne doit pas se perdre »[17]. Bette arrive à cette stabilité parce qu'elle trouve sa spécificité dans la jouissance clitoridienne, celle qui, pour elle, symbolise le primat de toute jouissance féminine.

Ici, il faut préciser que le phallus fétichisé, outre ses connotations sexuelles, porte sur une énergie indomptable, ainsi que l'a souligné Deuleuze dans sa *Présentation de Sacher-Masoch* (p. 109). La position fétichiste permet à Bette de jouir d'une omnipotence, disons hallucinatoire, qui satisfait. Elle arrive à cet état de plénitude parce que l'identification au phallus, pour ainsi dire, la féminise. Le phallus devient le miroir où elle voit le reflet de sa propre féminité. La féminité, pour Bette, s'effectue dans ce corps-à-corps avec une femme. La valeur du fétiche vient du fait qu'il devient l'aspiration à un Moi idéal. Cet idéal du moi vise une réhabilitation de soi par la constitution d'une féminité parfaite élaborée dans ce rapport à la mère. De cette façon, le fétiche devient le point de motivation qui assure la spécificité de soi.

Le fétiche est déplacé également sur les vêtements féminins. Les vêtements par leur proximité au corps caressent la peau. Ainsi, toucher les vêtements implique toucher la peau. Bonnet souligne l'importance de la satisfaction sexuelle conditionnée par le contact dans la position fétichiste[18]. Les caresses appliquées aux fibres de l'étoffe ressemblent à celles appliquées aux poils pubiens pendant l'acte de masturbation. Cependant, pour Bette, les vêtements servent de voile, d'écran qui empêchent l'accès à l'organe. Le déchirement des robes facilite le passage au clitoris pour satisfaire son envie. La quête acharnée du phallus qui constitue la raison d'être même de Bette se transforme en un véritable acte de violence quand ses tentatives fétichistes sont réprimandées. Elle s'efforce de jouir à tout prix. Ainsi s'explique « l'inexplicable sauvagerie de cette fille » qui « était toujours l'enfant qui voulait arracher le nez de sa cousine et qui peut-être, si elle n'était devenue raisonnable, l'aurait tuée en un paroxysme de jalousie » (p. 31). Son attitude ambivalente envers Adeline se traduit en termes de cette agressivité qu'elle éprouve pour elle. Cette agressivité dissimule la frustration qu'éprouve Bette en voyant avorter ses efforts de jouir d'une sexualité satisfaisante.

La désapprobation publique interdit la masturbation et prive Bette d'une autre façon de satisfaire à ses besoins sexuels. Il est évident que le fétiche constitue un moyen artificiel de se procurer du plaisir. Il fait partie d'une sexualité aseptique dans la mesure où il remplace tout contact corporel. Le fétichisme provient du refoulement imposé au corps, obligeant la femme à jouir par substitution. La femme est ainsi placée dans des positions peu satisfaisantes parce que tout rapport avec un objet qui subit une surestimation sexuelle ne peut porter que sur un plaisir très limité, presque dénaturé. Ainsi, la société met la femme dans la voie de la perversion en lui interdisant toute élaboration normale de sa sexualité.

Dans mon analyse de la question du travesti féminin, je suis redevable à l'article de Shoshana Felman sur *La Fille aux yeux d'or* où elle évoque la question du travesti et la déconstruction des définitions préétablies de la masculinité et de la féminité. Elle souligne le rapport entre les vêtements et la sexualité[19]. Le travesti subvertit, pour ainsi dire, le binarisme sexuel, en manifestant sa propre sexualité située à mi-chemin entre les deux pôles prescrits de la sexualité. Felman compare le travesti à un signe arbitraire[20]. L'arbitraire du travesti provient du fait qu'il va contre tout ce qui est littéral, précisément parce qu'il est hors signification. Il échappe à une définition parce qu'il se met dans un non-lieu, dans le domaine du nonfiguré. Le non-lieu du travesti vient de son caractère substitutif, de ce glissement des paramètres sexuels dont il fait preuve. Ainsi, si de Marsay de *La Fille aux yeux d'or* travestit le sexe féminin, Félicité des Touches dans *Béatrix* travestit l'identité masculine.

Quand on parle du travesti, on parle d'une personne qui porte les vêtements généralement associés avec l'autre sexe. Dans le cas de Félicité des Touches, la posture du travesti ne se limite pas uniquement à l'accoutrement masculin, mais, au contraire, elle accentue le travesti de son identité même. La femme se cache sous un « faux nom » masculin, « une fille qui porte un nom d'homme, Camille Maupin! dit la baronne »[21]. Elle devient pupille de l'endoctrinement culturel masculin où:

> le hasard l'a jetée dans le domaine de la science et de l'imagination, dans
> le monde littéraire, au lieu de la maintenir dans le cercle tracé par

l'éducation futile donnée aux femmes, par les enseignements maternels
sur la toilette, sur la décence hypocrite, sur les grâces chasseresses du
sexe. Aussi, longtemps avant qu'elle devint célèbre, voyait-on du
premier coup d'œil, qu'elle n'avait jamais joué à la poupée. (p. 210)

Félicité échappe à une éducation féminine parce que, dès son
enfance, elle subit une sorte de lavage de cerveau culturel qui souligne la
primauté du masculin. Elle se place directement dans le moule prescrit, pré-
déterminé pour elle, par l'acceptation de la doctrine masculine. Elle est
obligée, pour ainsi dire, d'usurper une identité masculine pour affirmer sa
spécificité. Cette notion de l'adoption d'une identité masculine était très
courante au dix-neuvième siècle, le siècle de l'oppression féminine par
excellence. George Sand devint le précurseur du travesti féminin qui plaida
la cause de la femme qui ne valait rien si elle n'adoptait pas une posture
masculine pour s'affirmer. « De même que George Sand fut le pseudonyme masculin d'une femme de génie, Camille Maupin fut le masque sous
lequel se cacha pendant longtemps une charmante fille très bien née . . . »
(p. 205). Tout comme le pseudonyme cache la vraie identitié de l'auteur, le
travesti sert à adopter une fausse existence, une existence imposée. Ecrivain
et femme de théâtre, Félicité se métamorphose en Camille Maupin pour
pouvoir faire concurrence à un monde où la prééminence masculine était
déjà très bien établie.

Le changement de nom implique un changement de personnalité,
ainsi que témoigne son adaptation aux mœurs masculines: « Tout Guérande
est en dessus-dessous de la passion du chevalier pour cet être amphibie qui
n'est ni homme, ni femme, qui fume comme un housard, écrit comme un
journaliste . . . » (p. 195). Ce glissement d'une identité sexuelle à l'autre
est facilité par cette disposition naturelle à la bisexualité chez la femme. La
protestation masculine de Félicité provient du fait qu'on lui a enseigné à
mépriser l'état féminin. Son éducation masculine comprend un développement, non seulement de ses prétendues facultés masculines, comme la force
de son intelligence et ses pouvoirs de raisonnement, mais elle devient le
modèle même de la fabrication masculine: « Expliquer par quel enchaîne-
ment de circonstances s'est accomplie l'incarnation masculine d'une jeune
fille, comment Félicité des Touches, s'est faite homme et auteur; pourquoi,
plus heureuse que Madame de Staël, elle est restée libre et se trouve ainsi
plus excusable de sa célébrité, ne sera-ce pas satisfaire beaucoup de
curiosités et justifier l'une de ces monstruosités qui s'élevent dans

l'humanité comme des monuments, et dont la gloire est favorisée par la rareté? Car en vingt siècles, à peine compte-t-on vingt grandes femmes ». (p. 201)

L'education masculine fait de Félicité un cas exemplaire par le caractère unique de son existence. Cet état exceptionnel résulte du fait que Félicité s'est faite homme et, par là, peut jouir d'un avantage inaccessible ordinairement à la femme. Le succès de Félicité devient possible parce qu'elle est l'égale d'un homme: « A vingt et un ans, une fille de ce vouloir était l'égale d'un homme de trente ans. Son esprit avait pris une énorme étendue, et des habitudes de critique lui permettaient de juger sainement les hommes, les arts, les choses, et la politique » (p. 209). Félicité s'éprouve dans cette valorisation masculine qui lui permet de surmonter l'état d'infirmité imposé traditionnellement à la femme[22]. Il s'agit d'une existence illusoire que la femme adopte comme défense contre la menace de la castration et contre la situation dévalorisante accordée en général à la femme. Donc, l'acte de travestissement devient un acte d'auto-affirmation pour une femme aux prises avec la passivité, la servilité, autrement dit, la pathologie du rôle féminin, où « des poupées . . . jouaient du piano et faisaient les agréables en chantant des romances . . . » (p. 208). Le travestissement devient une évasion à la médiocrité de l'existence féminine où la femme est réduite à une poupée de porcelaine douce, fragile, vide.

Ainsi, cette masculinité voulue ou plutôt imposée, cet état de travesti devient le symptôme d'une sexualité féminine limitée. Félicité se croit homme et elle désire en tant qu'homme. Son comportement physique témoigne d'une certaine virilité: « Le col de Camille forme un contour renflé qui lie les épaules à la tête sans sinuosité, le caractère le plus évident de la force. Ce col présente par moments des plis d'une magnificence athlétique. L'attache des bras, d'un superbe contour, semble appartenir à une femme colossale » (p. 213). La virilité du personnage va de pair avec un esprit viril: « Pour Mlle des Touches . . . . Sa jeunesse fut enveloppée des neiges de la science et des froideurs de la réflexion. Cette transposition explique encore la bizarrerie de son existence » (p. 215). Son existence devient bizarre par le fait qu'elle se masculinise dans son désir. Cela s'effectue par le fait que le travesti joue à se faire le fétiche de ce qu'elle n'a pas en réalité et de ce que le père possède. Le travesti s'éprouve donc dans cette identification au père pour arriver à une maîtrise de soi. Sujet du désir (l'homme se permet tout) le travesti sert de subterfuge pour satisfaire aux aspirations

sexuelles normalement interdites aux femmes. Segal proclame que le travestissement devient une défense contre une attitude homosexuelle passive.
Il explique que, dans la posture de travestissement, la femme s'identifie
simultanément au père, au pénis et au petit enfant qui reste lié à la mère pré-
génitale[23]. L'identification au père sert de guise pour, en réalité, avoir des
rapports plus satisfaisants avec la mère. L'accoutrement masculin permet
l'expérience d'une aventure sexuelle interdite à la femme. Porteuse du
pénis, elle pourra ainsi jouir de la relation primordiale avec la mère.
L'insatisfaction avec le rapport hétérosexuel est mise en évidence dans la
citation suivante: « Félicité, commes toutes les femmes livrées au bon sens
du cœur, fut portée à conclure de la beauté du corps à celle de l'âme, elle fut
éprise d'une figure et connut toute la sottise d'un homme à bonnes fortunes
qui ne vit qu'une femme en elle. Elle fut quelque temps à se remettre de son
esprit et de ce mariage insensé » (p. 215). La relation hétérosexuelle se
termine donc en dégoût, en mépris pour les hommes. « Elle observait les
hommes à l'âge où les femmes ne peuvent en voir qu'un, elle méprisait ce
qu'elles admirent. . . . Ce contresens dura longtemps, mais il eut une
fin terrible; elle devait trouver en elle, jeune et frais, le premier amour »
(p. 215). Le travesti devient alors l'expression de la recherche d'une
sexualité plus satisfaisante.

Mais il y a un grand conflit qui éclate ici entre la réalité psychique
masculine et la réalité sexuelle féminine. L'acceptation mentale de la norme
masculine crée néanmoins des contradictions dans la perception du corps.
Le travestissement, de même qu'il cherche une expérience plus authentique
de soi, conduit aux états frustrants. Stoller évoque cette problématique:
« Alors que la solidité de la masculinité et de la féminité peut être ébranlée
par les circonstances, ce sentiment d'être un mâle ou une femelle, une fois
établi, ne subira pas d'altérations tout au long de la vie. Il résiste aux effets
qui peuvent se faire sentir ultérieurement, dus à des lésions cérébrales, à la
psychose, aux troubles caractériels et à toute autre influence »[24]. Félicité
souffre de cette contradiction entre les réalités psychiques et sexuelles, de
cette double existence qu'elle mène. Le travesti est construit sur un mirage
qui ne dissimule guère ce que j'appelle l'actualité du corps. Comme le dit
Félicité elle-même: « Il est en nous une faculté que n'ont point les hommes,
celle de nous abandonner à notre nature nerveuse en poussant les sentiments à l'extrême. En nous y laissant aller, nous arrivons ainsi aux
pleurs, et quelquefois à des états graves, à des désordres » (p. 225). Le

travestissement devient problématique parce qu'il souligne le désaccord entre la fécondité de l'esprit cultivé par la doctrine masculine et l'infirmité du corps qui reste pourtant « féminin ». Elle porte sur la régression parce que sa prétendue défectuosité devient encore plus évidente dans ce rôle de « petit » homme. Elle est obligée de se rendre compte de sa castration, de son manque de pénis, de son état féminin. Le travesti devient ainsi une illustration parfaite de cette envie du pénis qui dévalorise la femme pour soutenir la psyché masculine. Le fait que la femme convoite ce que l'homme a lui donne la confirmation narcissique de posséder « la chose ».

Ainsi, la femme qui travestit son identité se trouve dans une position défaillante. En essayant de briser des barrières sexuelles par ce glissement d'identité, par l'ordonnance de cette sexualité amorphe et ambiguë, elle menace la société trop préoccupée par l'ordre naturel des choses. Elle est qualifiée de diabolique, d'impie: « Il n'en faut pas d'autres preuves que le séjour de cette sorcière aux Touches » (p. 195). La femme devient sorcière quand elle travestit son identité, parce que les métamorphoses qu'elle effectue échappent à la réclusion masculine. Pourtant, l'ambiguïté sexuelle dont elle s'efforce de jouir devient régressive parce qu'elle crée des problèmes dans la perception de sa propre spécificité sexuelle. Cette dialectique de l'existence d'un esprit masculin enfermé dans un corps féminin, cette question d'être ou d'avoir le phallus semble matérialiser toute dialectique féminine, en tout cas c'est ainsi qu'elle s'exclame: « Suis-je une monstruosité? — Peut-être, dit Claude » (p. 195). Le travesti féminin témoigne d'une certaine neutralité sexuelle parce qu'au lieu d'une enquête qui porte sur la re-définition de la sexualité, elle devient, comme le souligne Pontalis, l'indétermination ou, plutôt, l'asexualisation de la sexualité[25]. Ainsi, elle soumet la femme à une sorte d'anesthésie où, « elle connut donc la vie en théorie et n'eut aucune innocence d'esprit tout en demeurant vierge » (p. 207). Cette aspiration vers une sexualité idéalisée d'androgyne « en désaccord avec les développements de la jeune fille eurent leur effet. Félicité tomba malade . . . » (p. 208). Cette maladie pétrifie son corps où « elle effraie par son silence et par ce regard profond d'une profonde fixité » (p. 214). La pétrification sert à immobiliser la femme, à contenir ses mouvements subversifs qui font peur ainsi qu'en témoigne: « La femme forte ne doit être qu'un symbole, elle effraie à voir en réalité » (p. 214).

En conclusion, on peut dire que le travestissement provient de la ruse masculine destinée à prouver à la femme sa défaillance inhérente. Balzac semble suggérer que, bien que la société accorde à la femme la possibilité de jouer à l'homme pour profiter de ses prétendus avantages, elle se révèle incapable de jouer son nouveau rôle par les troubles psychiques auxquels elle succombe. La réclusion de la femme dans un cadre précis devient une nécessité pour la psyché féminine qui est censée se trouver inapte à s'adapter à de nouvelles situations. Cette aspiration féminine à une expression plus expansive de soi devient un mythe parce que la société ne veut pas que la femme échappe à son régime par ses actes subversifs d'auto-affirmation.

Conclusion

LE BUT DE CETTE ÉTUDE a été d'apporter une nouvelle dimension aux études sur le personnage féminin dans l'œuvre balzacienne. Les travaux de Michelle Arlette, Nicole Mozet, Lucienne Frappier-Mazur, se sont plutôt concentrés sur la représentation de la femme dans son cadre socio-historique. Elles ont discuté des différents rôles sociaux traditionnels destinés aux femmes et de l'impossibilité de sortir d'une structure sociale bien codifiée et étroite. Tout en amplifiant ce travail intéressant, je voulais y ajouter ma propre contribution, où je voulais re-présenter le personnage féminin d'un point de vue psychanalytique, presque psycho-biologique. Je me suis efforcée de soutenir que la femme, au lieu d'être passive et masochiste par nature, devient victime d'une « nature acquise », ainsi que l'affirment les autres lectrices féministes de Balzac. La sexualité féminine, loin d'être caractérisée par une passivité et par une réceptivité liées au sort biologique de la femme, témoigne plutôt d'une méthode d'adaptation à une « fausse » sexualité, celle imposée par l'Autre. Ainsi, la femme reste prisonnière d'une nature qui n'est pas la sienne, tout comme elle reste esclave d'une structure sociale dont elle reste en marge. Elle devient victime d'une nature projetée, d'où la formation d'une pléthore de mythes généralement associés à la sexualité féminine, par exemple, le masochisme, la paranoïa, l'hystérie, le narcissisme, etc. L'image que présente donc cette sexualité, à la fin de cette étude, n'est pas seulement le négatif de la sexualité masculine, mais, pire, elle en devient une caricature. Ainsi mon travail est-il une sorte de mise en évidence de cette sexualité caricaturale.

En dépit de la force de mes convictions, parfois de la virulence de mes critiques, je tiens à préciser que je ne voulais pas adopter une posture médusante, surtout vis-à-vis de mes lecteurs masculins. La passion de mon travail provient de cette profonde angoisse que j'ai éprouvée au cours de cette étude en voyant annulés tous les efforts que faisait la femme pour chercher une re-définition de soi. Loin d'être victime d'une nature passive et apathique ainsi que le voulaient Freud et ses collègues, la femme au dix-neuvième siècle affirme, par contre, son esprit d'indépendance en essayant de surmonter les handicaps qui lui ont été imposés. Sa quête pour re-découvrir sa spécificité dans le cadre homosexuel devenait son acte d'auto-nomie le plus subversif ou plutôt le plus courageux. Ainsi, pour moi, la femme affirmait sa spécificité par sa volonté d'agir, sa persistance à vouloir corriger le déséquilibre de l'économie dominante.

    L'importance de ce travail, pour moi, vient du fait qu'il plaide la cause de la femme réprimée, non seulement en France, mais partout où persiste l'oppression de la femme. Elevée moi-même dans une culture répressive, qui continue de souligner la primauté masculine, mon étude devient une sorte de déclaration personnelle contre les répressions de tout ordre imposées à la femme jusqu'à nos jours.

Notes

Introduction

[1]Voir à ce propos M. Albistur et D. Armogathe, *Histoire du féminisme français* 2 (Paris: Editions des femmes, 1977).

[2]L. Irigaray, *Ce Sexe qui n'en est pas un* (Paris: Editions de Minuit, 1977), p. 136.

[3]Comme le souligne Toril Moi: « In patriarchal culture, the feminine is repressed; it returns only in its acceptable form, as man's specularized Other ». T. Moi, *Sexual/ Textual Politics: Feminist Literary Theory* (London & New York: Methuen, 1985), p. 132.

[4]Comme le disait Slochower: « Art deals with human experience, but it does so in symbolic form. Hence, to treat characters in literature as living people is to confuse the esthetic and symbolic with the factual and the existent ». R. Slochower, « The Psychoanalytic Approach to Literature: Some Pitfalls and Promises » in *Literature and Psychology* 21, 1971, 107-11, p. 109.

[5]Meissner, dans une sorte de contre-attaque, affirme: « To say, for example, that a character is fictional need not only imply that the character is thereby distorted or unreal. In fact, the literary character can have a quality of integration and human substance which makes the character as real to our understanding as that of any human person ». W. Meissner, « Some Notes on the Psychology of the Literary Character: A Psychoanalytic Perspective », in *Seminars in Psychiatry* 5, 1973, pp. 261-71, p. 266.

[6]S. Freud, *Délires et rêves dans la Gradiva de Jensen* (Paris: NRF, 1949), p. 187.

[7]Y. Bélaval, « Préface » in Ann Clancier, *Psychanalyse et critique littéraire* (Toulouse: Edouard Privat Editeur, 1973).

[8]Kaplan, Morton et Kloss affirment: « Fictional characters are representations of life and as such, can only be understood if we assume they are real. And this assumption allows us to find unconscious motivations by the same procedure that the traditional critic uses to assign conscious ones ». Kaplan, Morton, & Kloss, *The Unspoken Motive: A Guide to Psychoanalytic Literary Criticism* (New York, Free Press, 1933), p. 4.

[9]Irigaray, p. 24.

[10]Moi, p. 134.

Chapitre I

[1]H. Balzac, *La Cousine Bette* (Paris: Furne et Cie Librairies-Editeurs, 1848), p. 129. Toutes les citations sont extraites de cette édition.

[2]L. Czyba, *La femme dans les romans de Flaubert: mythes et idéologie* (Lyon: Presses Universitaires de Lyon, 1983), p. 120.

[3]A. M. Dardigna, *Les Châteaux d'Eros ou les infortunes du sexe des femmes* (Paris: Françoise Maspéro, 1981).

[4]J. Berger, *Ways of Seeing* (Hammondsworth: Penguin Books), 1972.

[5]Pour citer encore Berger: « Men act and women appear. Men look at women. Women watch themselves being looked at », p. 47.

[6]J. Baudrillard, « Fétichisme et Idéologie » in *Objets du fétichisme, Nouvelle Revue de Psychanalyse* (Paris: Gallimard, vol. 2, Automne 1970).

[7]Rivière explique: « Womanliness therefore could be assumed and worn as a mask, both to hide the possession of masculinity and to avert the reprisals expected if she was found to possess it—much as a thief will turn out his pockets and ask to be searched to prove that he has not the stolen goods. The reader may now ask how I define womanliness or where I draw the line between genuine womanliness and masquerade. My suggestion is not, however, that there is any such difference; whether radical or superficial, they are the same thing ». J. Rivière, « Womanliness As a Masquerade » in *Psychoanalysis and Female Sexuality*, Hendrik Ruitenbeek, ed. (New Haven: New Haven College and University Press, 1966), p. 213.

[8]M. A. Doane, « Film and Masquerade: Theorizing the Female Spectator » in *Screen* 23, 1982, pp. 74-87.

[9]Montrelay explique: « It is this evil which scandalises whenever woman plays out her sex in order to evade the word and the law. Each time she subverts a law or a word which relies on the predominantly masculine structure of the look ». M. Montrelay « Inquiry into Femininity: in *m/f*, 1, 1978, pp. 91-92.

[10]J. B. Pontalis « Présentation » in *Objets du fétichisme* in *Nouvelle Revue de Psychanalyse*, vol 2 (Paris: Gallimard, Automne 1970), p. 41.

[11]V. Smirnoff, « La Transaction fétichique » in *Objets du fétichisme*, in *Nouvelle revue de Psychanalyse*, vol 2 (Paris: Gallimard, Automne 1970), p. 41.

[12]R. Brunswick explique: « Penis envy is always envy of an idealized penis with its supreme qualities; infinite powers for good and evil, a guarantee of its possessor's security, absolute freedom, immunity against anxiety or guilt and a promise of pleasure, love and the fulfillment of all wishes. It is not the thing itself that is coveted but the acts which allow one to master things in general ». R. Brunswick, « The Pre-œdipal Phase of the Libido Development » in *Psychoanalytic Quarterly*, 9, 1940, pp. 293-319.

[13]J. P. Aron, éd, *Misérable et Glorieuse: la femme au dix-neuvième siècle* (Paris: Fayard), 1980.

[14]Krohn, dans ses études sur l'hystérie, commente: « Freud came to see the hysterical process as having as its aim the restoration of the original infantile sexual gratifications of a relaxed state ». A. Krohn, *Hysteria: The Elusive Neurosis* (New York, International University Press Inc., 1978), p. 24.

[15]M. Montrelay, *L'ombre et le nom: Sur la féminité* (Paris: Seuil, 1977), p. 68.

[16]D. Ménard, *Hystérique entre Freud et Lacan: corps et langage en psychanalyse* (Paris: Editions Universitaires, 1983), p. 141.

[17]A. Green, « Le Cannibalisme: réalité ou fantasme agi » in *Destins du cannibalisme* in *Nouvelle Revue de Psychanalyse* (Paris: Gallimard, Automne 1972).

[18]Brunswick, pp. 293-319.

[19]Dardigna, p. 182.

[20]Voir l'article de B. Didier, « Le Corps féminin dans *Lélia* » in *Revue d'Histoire Littéraire de la France* 4, 1976, pp. 634-51.

[21]J. Lacan, *Ecrits* (Paris: Seuil, 1966), p. 182.

[22]S. Freud, *La Vie sexuelle* (Paris: P.U.F., 1969), p. 110.

[23]J. Lebel, *L'Amour et l'argent* (Paris: Stock, 1979).

[24]Balzac, *La Cousine Bette*, p. 361.

[25]C. Chawaf, Conférence donnée à la Maison Française de Brown Université en novembre 1986.

[26]Balzac, *Splendeurs et misères des courtisanes*, in *Œuvres complètes* (Paris: Guy le Prat Editeur, 1959), p. 63. Toutes les citations sont tirées de cette édition.

[27]George Santayana offre une définition du grotesque: « It is the half-formed, the perplexed and the suggestively monstrous ». G. Santayana, *The Sense of Beauty* (London: Adam & Charles Black, 1986), pp. 256-58.

[28]Kayser définit la prostitution ainsi: « It is the alluring, blissful and devouring abysmal world which lies beneath the human order ». W. Kayser, *The Grotesque in Art and Literature*, trans. Ulrich Weisstein (Bloomington: Indiana University Press, 1963), p. 108.

[29]E. Lemoine-Luccioni, *Partage des femmes* (Paris: Editions du Seuil, 1976), p. 100.

[30]J. Belladonna, *Folles femmes de leur corps: la prostitution* (Fontenay-sous-Bois: Recherches, 1977), p. 101.

[31]Pour élaborer mon propos, je voudrais analyser la crise hystérique telle qu'elle se manifeste chez la prostituée Esther Von Gosbeck.

[32]John Berger décrit avec justesse cette posture schizophrène et son application à la prostituée. Berger constate: « Woman's psyche is split in two by her constructed

awareness of herself as a visual object and her resulting double role as actor and spectator. A woman must continually watch herself ». Berger, pp. 46-47.

[33]L. Wurmser, *The Mask of Shame* (Baltimore & London: The John Hopkins University Press), 1981.

[34]S. Felman définit la folie ainsi: « Madness is the impasse confronting those whom cultural conditioning has deprived of the very means of protest or self-affirmation ». S. Felman, « Women and Madness: The Critical Phallacy » in *Diacritics* 5, 1975, pp. 2-10, p. 7.

[35] L. Irigaray, *Ce sexe qui n'en est pas un* (Paris: Minuit, 1977), p. 77.

[36]Dardigna, p. 148.

[37]G. Sand, *Lélia* (Paris: Michel-Levy frères), 1865.

[38]Pour Miller, la paralysie devient « an expression of sexual inferiority feelings in a person whose early exhibitionistic efforts have left him or her feeling diminished. » S. Miller, *The Shame Experience* (New Jersey: The Analytic Press), 1985.

[39]Hélène Deutsch a analysé cette idéalisation de la sexualité chez la femme. « As a result of a process of sublimation woman's sexuality is more spiritual than man's. This spiritualized character of female sexuality is due to a reaction formation based on repression and counter-cathexis of those instinctual components opposed by nature to idealization or to anything spiritual or sublime ». H. Deutsch, *The Psychology of Women*, vol. 1 (New York: Grune & Stratton, 1944), p. 49.

[40]J. Kristeva, *Histoires d'amour* (Paris: Editions Denoël, 1983), p. 14.

[41]J. P. Martinon, *Les Métamorphoses du désir et l'œuvre* (Paris: Editions Klincksieck, 1970), p. 32.

[42]Comme le fait remarquer Margaret Higonnet, le suicide témoigne d'un « symbolic gesture for women who inscribe on their own bodies cultural reflections and projections, affirmation and negation ». M. Higonnet, « Speaking Silences: Women's Suicide » in *The Female Body in Western Culture: Contemporary Perspectives*, S. Suleiman, ed. (Cambridge, Mass: Harvard University Press, 1986), p. 68.

Chapitre II

[1]Balzac, *La Cousine Bette*, p. 147.

[2]P. Lainé, *La Femme et ses images* (Paris: Edition Stock, 1974), p. 56.

[3]R. Bolster, *Stendhal, Balzac et le féminisme romantique* (Paris: Lettres modernes, 1970), p. 48.

[4]Chesler dit: « Madness is essentially an intense experience of female biological sexual and cultural castration and a doomed search for potency. The search often involves

'delusions' or displays of physical aggression, grandeur, emotionality . . . ». P. Chesler, *Women and Madness* (New York: Doubleday & Co., 1972), p. 31.

[5]Comme le souligne Freud dans son article sur le refoulement: « The instinct preservation develops in a more unchecked and luxuriant fashion if it is withdrawn by repression for conscious influence ». S. Freud, « Repression » in *A General Selection from the Works of Sigmund Freud* (New York: Doubleday Anchor Books), p. 90.

[6]M. Taat, « La Bette à la lettre » in *Balzac et les parents pauvres,* Rossum-Guyon et Van Brederode, éds. (Paris: SEDES, 1981).

[7]F. Gaillard, « La Stratégie de l'araignée » in *Balzac et les parents pauvres* (Paris: SEDES, 1981).

[8]Sur la femme-araignée, voir l'excellent article de Nancy Miller, « Archnologies: The Woman, The Text, and The Critic » in *Poetics of Gender*, Carolyn G. Heilbrun and Nancy K. Miller, eds. (New York: Columbia University Press, 1986).

[9]Freud, S. « Repression », p. 90. Citation traduite par Laurent Ditman de Brown University.

[10]Taat, « La Bette à la lettre », in *Balzac et les parents pauvres,* Rossum-Guyon et Van Brederode, éds. (Paris: SEDES, 1981).

[11]Voir le chapitre 4 pour une discussion détaillée du fétichisme féminin et son rapport avec l'homosexualité féminine.

[12]Cette blancheur et cette pureté ont évoque « a compendium of visual platitudes concerning the moonlight purity and virtuous nunlike passivity of the Eternal Feminine on its best behaviour. The 'pure' woman, the woman who with her passive, submissive, imitative, tractable qualities, seemed to share with the flowers all the features characteristic of the plant life of the domestic garden, thus came very generally to be seen as a flower herself, to be cultivated in very much the same way a flower ought to be cultivated in order to thrive ». B. Dijkstra, *Idols of Perversity: Fantaisies of Feminine Evil in Fin-de-siècle Culture* (New York: Oxford University Press, 1986), p. 16.

[13]A. Adler, *The Practice and Theory of Individual Psychology* (New York: Harcourt, 1927).

[14]Lainé, p. 64.

[15]« Their (narcissistic women's) need lies in the direction of being loved », commente Freud. S. Freud, « On Narcissism; An Introduction » in *A General Selection from the Works of Sigmund Freud* (New York: Doubleday Anchor Books), p. 113.

[16]S. Freud, « Résumé » in *Trois essais de la sexualité* (Paris: NRF, 1905), p. 146.

[17]Selon Merleau-Ponty: « When the object of desire becomes trapped in the impasses of absolute immediacy, oscillation between an inhuman demand, an absolute egotism and a voracious devotion which destroys the subject himself, it is hardly surprising that the sucks and bites and defecation which originally accompanied the child's erotic

desires would once again take over and command the sexual conduct of an adult estranged from his desire, and that he would no longer know how to judge, when to hold on or to let go, or be capable of surrendering his narcissistic needs for an apprehension of his desire for the other's recognition ». M. Merleau-Ponty, *Signs* (Evanston, IL: Northwestern University Press, 1964), p. 228.

[18]Comme le fait remarquer Deutsch: « Woman's masculinity often resorts to aggressiveness because it lacks the anatomic means to express the active masculine act ». H. Deutsch, « The Active Woman: Masculinity Complex » in *Psychology of Women* (New York: Grune & Stratton, 1944), p. 294.

[19]Voir l'article d'Eileen Boyd Sivert, « Lélia and Feminism » in *Yale French Studies* 62, 1981, pp. 45-66.

[20]S. Freud, « Les Pulsions et leur destin » in *Métapsychologie* (Paris: NRF, 1940), p. 46.

[21]« The maratre », dit Gallop, « usurps the loved mother's position, frustrating the child through lack of understanding pure or evil. The negative component of the ambivalence felt for the mother is hypostatized into the evil step-mother ». J. Gallop, « Sade, Mothers and Other Women » in *Enclictic,* vol 4, no. 2, Fall 1980.

Chapitre III

[1]Bachofen, tout en soulignant le prestige de ce principe maternel, postula que « the paternal principle implies limitation to definite groups, but the maternal principle, like the life of nature, knows no barriers. The idea of motherhood produces a sense of universal fraternity among all men, which dies with the development of paternity. The family based on father right is a closed individual organism, whereas the matriarchal family bears the typically universal character that stands at the beginning of all development and distinguishes material life from higher spiritual life. J. J. Bachofen, *Myth, Religion and Mother Right,* trans. R. Manheim (New Jersey: Princeton University Press, Bollingen Series LXXXIV, 1967), p. 80.

[2]Balzac, *Eugénie Grandet* (Paris: Garnier Flammarion, 1964), p. 129. Sur ce sujet, voir aussi l'article de Naomi Schor, « *Eugénie Grandet;* Mirrors and Melancholia » in *Breaking the Chain, Theory and French Realist Fiction* (New York: Columbia University Press, 1985).

[3]Balzac, *La Cousine Bette,* p. 16.

[4]Balzac, *Physiologie du mariage* (Paris: Gallimard, 1950), p. 694.

[5]Voir le chapitre 1 pour une discussion détaillée de la femme-fétichisée.

[6]J. L. Vaise, *Les Droits de la femme* (Paris: Cherbuliez, 1971), p. 250.

[7]M. A. Doane, *The Desire to Desire: The Woman's Film of the 1940's* (Bloomington & Indianapolis: Indiana University Press, 1987).

[8]S. de Beauvoir, *Le Deuxième Sexe* (Paris: Gallimard, 1949), p. 292.

[9]H. Glatzer, « Notes on the Pre-œdipal Fantasy » in *American Journal of Orthopsychiatry*, no. 24, 1985, pp. 383-90.

[10]B. Didier, « Préface » in *Indiana* (Paris: Gallimard, 1984), p. 40.

[11]M. Bonaparte, *La Sexualité de la femme* (Paris: P.U.F., 1967), p. 66.

[12]Le point de vue de Deutsch se résume dans le premier paragraphe de son étude sur la sexualité de la femme: « Nature does not always succeed in adapting organisms to function perfectly in their environment as we may clearly see from the far greater frequency of defective adaptation to the purely erotic function in women than in men ». H. Deutsch, *Female Sexuality* (New York: Grune & Stratton, 1944), p. 1.

[13]S. Freud, « La Féminité » in *Nouvelles conférences sur la psychanalyse* (Paris: Gallimard/Idées, 1971), p. 102.

[14]E. Balint, « On Being Empty of Oneself » in *International Journal of Psychoanalysis*, 44, no. 4, 1963, pp. 470-80.

[15]Brenner dit: « Masochism has the function of preserving important object relationships and of avoiding the danger of object loss which would overwhelm the individual with anxiety ». C. Brenner, « The Masochistic Character: Genesis and Treatment » in *Journal of the American Psychoanalytic Association*, vol. VII, no. 2 (New York: International University Press), 1959.

[16]Stolorow, en évoquant la fonction narcissique du masochisme écrit: « The masochist might achieve an illusory feeling of omnipotence through the process of identification with the sadistic partner, vicariously participating in the latter's overt exhilaration of power ». R. Stolorow, « The Narcissistic Function of Masochism » in *International Journal of Psychoanalysis*, vol. 56, 1975, pp. 441-47.

[17]J. Lacan, « La psychanalyse et son enseignement » in *Ecrits* (Paris: Seuil), 1966.

[18] L. Irigaray, *Ce sexe qui n'en est pas un* (Paris: Minuit, 1977), p. 29.

Chapitre IV

[1]En parlant de l'homosexuelle, il disait: « We should attempt to understand her as a sick person who possesses a form of sexual immaturity leading to a type of existence that carries with it complications and ultimately results in frustration and loneliness ». F. S. Caprio, *Female Homosexuality: A Psychodynamic Study of Lesbianism* (New York: Citadel Press, 1954), p. 304.

[2]Balzac, *La Cousine Bette,* p. 362.

[3]Granoff et Perrier, éds., *Le Désir et le Féminin* (Paris: Aubier Montaigne, 1979), p. 16.

[4]Susan Suleiman en commentant « Quand Nos Lèvres Se Parlent », évoque la spécificité du rapport féminin quand elle postule: « What is most specific about such a love? The fact that the lovers are not « enigmas » for each other, which is always the case between a man and a woman—but are, rather, in relation of absolute reciprocity in which the notions of « giving » and « receiving » have no place. . . . In the perfect reciprocity of this relation, there is no place for an economy of exchange, or of opposition between contraries. The lovers are neither two or one, neither different nor the same, but undifferent ». S. Suleiman, « (Re)-Writing The Body: The Politics and Poetics of Female Eroticism », in *The Female Body in Western Culture: Contemporary Perspectives,* S. Suleiman, ed. (Cambridge, Mass: Harvard University Press), 1986.

[5]W. Paul, en analysant le rapport lesbien, explique: « Lesbian relationships permit women to avoid limitations imposed by traditional male-female role playing that occurs in many heterosexual relationships ». W. Paul, éd., *Homosexuality: Social, Psychological and Biological Issues* (Beverly Hills/London/New Delhi: Sage Publications, 1982), p. 241.

[6]M. Witting, « Paradigm » in *Homosexualities and French Literature: Cultural Contexts/Critical Texts,* Stambolian & Marks, eds. (Ithaca and London: Cornell University Press, 1979).

[7]Comme l'explique Carole Vance, le pouvoir féminin réside en « a refusal to be invisible and conform, a refusal to replicate heterosexual patterns for want of a more original model ». C. Vance, ed., *Pleasure and Danger: Exploring Female Sexuality* (Boston/London/Melbourne: Routledge & Paul, 1985).

[8]L. Irigaray, *Ce sexe qui n'en est pas un* (Paris: Minuit, 1977), p. 28.

[9]Voir le chapitre 2 pour un portrait détaillé de la vieille fille.

[10]Voir le premier chapitre pour une étude de l'esthétique de la prostituée.

[11]Monique Witting évoque la spécificité de la position lesbienne quand elle dit: « Lesbianism is the culture through which we can politically question heterosexual society on its sexual categories, on the meaning of its institutions of domination in general . . . », p. 118.

[12]Pour une esthétique du fétichisme féminin, voir l'article de Naomi Schor et les références qu'elle cite dans « Female Fetishism: The Case of George Sand » in *The Female Body in Western Culture-Contemporary Perspectives,* S. Suleiman, ed. (Cambridge, Mass: Harvard University Press, 1986).

[13]P. Greenacre, « Certain Relationships between Fetishism and Faulty Development of the Body Image » in *The Psychoanalytic Study of the Child*, vol. VIII (New York: International University Press, Inc., 1953), pp. 79-98, p. 79.

[14]Granoff et Perrier, éds., *Le Désir et le Féminin* (Paris: Aubier-Montaigne, 1977).

[15]R. J. Eisenbind, « Female Homosexuality » in *Modern Woman: Her Psychology and Sexuality* (Illinois: Charles C. Thomas), 1969.

[16]V. Smirnoff, « La Transaction fétichiste » in *Objets du fétichisme* in *Nouvelle Revue de Psychanalyse*, no. 2 (Paris: Gallimard, Automne 1970), p. 52.

[17]J. B. Pontalis, « Présentation » in *Objets du fétichisme* in *Nouvelle Revue de Psychanalyse*, no. 2 (Paris: Gallimard, Automne 1970), p. 9.

[18]G. Bonnet, « Fétichisme et exhibitionnisme chez un sujet féminin », in *Psychanalyse à l'université*, vol. 2 (Paris: Editions Réplique, 1977).

[19]Felman commente: « Clothes, a cultural sign, an institution determine our reading of the sexes, which determine masculine and feminine and insure sexual opposition as an orderly, hierarchical polarity ». S. Felman, « Re-reading Femininity » in *Yale French Studies*, no. 62, 1981, pp. 19-44, p. 28.

[20]« Travestism is indeed an arbitrary sign whose signifier is displaced onto a signified not 'its own','an exiled signifier which no longer has, in fact, a 'proper' signified, 'proper' meaning, a claim to literality », p. 28.

[21]Balzac, *Béatrix*, in *Œuvres Complètes*, p. 201.

[22]Freud, dans son article sur le fétichisme, explique: « Thus a girl may refuse to accept the fact of being castrated, may harden herself in the conviction that she does possess a penis and may subsequently be compelled to behave as though she were a man ». S. Freud, « Fetishism » in James Strachey, ed., and James Stachey et al., trans, *The Standard Edition of the Complete Psychological Works of Freud*, vol. 21 (London: The Hogarth Press, 1953-74), pp. 149-57.

[23]M. Segal, « Transvestism As an Impulse and As a Defense », in *International Journal of Psychoanalysis*, vol. 26, pp. 209-16.

[24]R. Stoller, « Faits et Hypothèses: un examen du concept freudien de la bisexualité » in *Bisexualité et différence des sexes* in *Nouvelle Revue de Psychanalyse*, no. 7 (Paris: Gallimard, Printemps 1973), p. 148.

[25]J. B. Pontalis, « Insaisissable entre deux » in *Bisexualité et différence des sexes* in *Nouvelle Revue de Psychanalyse*, no. 7 (Paris: Gallimard, Printemps, 1973).

Bibliographie

Adams, P. « Representation and Sexuality » in *m/f*, Fall 1981.

Adler, A. *The Practice and Theory of Individual Psychology.* New York: Harcourt, 1927.

Albistur, M., et Armogathe, D. *Histoire du féminisme français.* Paris: Editions des femmes, 1977.

Andréas-Salomé, L. *L'Amour du narcissisme.* Paris: Gallimard, 1977.

Arlette, M. « La Duchesse de Langeais et le romanesque balzacien » in *Figures féminines et roman.* J. Bessière, éd., Paris, P.U.F., 1982, pp. 89-108.

Aron, J. P. , éd. *Misérable et glorieuse: La femme au dix-neuvième siècle.* Paris: Fayard, 1980.

Bachofen, J. J. *Myth, Religion and Mother Right,* trans. R. Manheim, Princeton, NJ: Princeton University Press, Bollingen Series LXXXIV, 1967.

Balint, E. « On Being Empty of Oneself » in *International Journal of Psychoanalysis 44.* No. 4, 1963, pp. 470-80.

Balzac, H. *Béatrix* in *Œuvres complètes,* Paris: Guy le Prat Editeur, 1959.

————. *La Cousine Bette,* Paris: Furne et Cie, Librairies-Editeurs, 1848.

————. *Physiologie du mariage,* Paris: Gallimard, 1950.

————. *Splendeurs et misères des courtisanes* in *Œuvres complètes,* Paris: Guy le Prat Editeur, 1959.

Baudrillard, J. « Fétichisme et idéologie » in *Objets du fétichisme* in *Nouvelle revue de psychanalyse.* Vol. 2. Paris: Gallimard, Automne, 1970.

Belladona, J. *Folles femmes de leurs corps: La prostitution.* Fontenay-sous-Bois: Recherches, 1977.

Bellet, R., éd. *La Femme au dix-neuvième siècle: Littérature et idéologie.* Lyon: Presses Universitaires de Lyon, 1979.

Berger, J. *Ways of Seeing.* Harmondsworth: Penguin Books, 1972.

Bersani, L. *Balzac to Becket: Center and Circumference in French Fiction.* New York: Oxford University Press, 1970.

————. *The Freudian Body: Psychoanalysis and Art.* New York: Columbia University Press, 1986

Bolster, R. *Stendhal, Balzac et le féminisme romantique.* Paris: Lettres modernes, 1970.

Bonaparte, M. *La Sexualité féminine.* Paris: P.U.F., 1951.

Bonnet, G. « Fétichisme et exhibitionnisme chez un sujet féminin » in *Psychanalyse à l'université.* Vol. 2. Paris: Editions Réplique, 1977.

Brenner, C. « The Masochistic Character: Genesis and Treatment » in *Journal of the American Psychoanalytic Association.* Vol. III, No. 2. New York: International University Press, 1959.

Brooks, P. *The Melodramatic Imagination: Balzac, Henry James and the Mode of Excess.* New Haven: Yale University Press, 1959.

Brunswick, R. « The Pre-œdipal Phases of the Libido Development » in *Psychoanalytic Quarterly,* No. 9. 1940, pp. 293-319.

Buchen, I., ed. *The Perverse Imagination: Sexuality and Literary Culture.* New York: New York University Press, 1970.

Burke, C. « Irigaray through the Looking Glass » in *Feminist Studies 7,* 1981.

Caplan, P. *The Myth of Women's Masochism.* New York: E. P. Dutton, 1985

Caprio, F. S. *Female Homosexuality: A Psychodynamic Study of Lesbianism.* New York: Citadel Press, 1954.

Chasseguet-Smirgel, J., ed. *The Ego Ideal.* trans. P. Barows. New York: W. W. Norton & Co., 1985.

————, ed. *Ethique et esthétique de la perversion.* Seyssel: Champs Vallon, 1984.

————, ed. *Female Sexuality.* Ann Arbor: University of Michigan Press, 1970.

Chesler, P. *Women and Madness.* New York: Doubleday & Co., 1972.

Clancier, A. *Psychanalyse et critique littéraire.* Toulouse: Edouard Privat Editeur, 1973.

Connor, J. C. *Balzac's Soluble Fish.* Madrid: Studia Humanivatis, 1977.

Corbin, A. *Les Filles de noce: misère sexuelle et prostitution (dix-neuvième et vingtième siècles).* Paris: Aubier Montaigne, 1978.

Czyba, L. *La femme dans les romans de Flaubert: Mythes et idéologie,* Lyon: Presses Universitaires de Lyon, 1983.

Dardigna, A. M. *Les Châteaux d'Eros ou les infortunes du sexe des femmes,* Paris: François Maspéro, 1981.

de Beauvoir, S. *Le Deuxième sexe.* Paris: Gallimard, 1949.

Deutsch, H. *Female Sexuality.* New York: Grune & Stratton, 1944.

————. *The Psychology of Women.* New York: Grune & Stratton, 1944.

————. « The Significance of Masochism in the Mental Life of Women » in *International Journal of Psychoanalysis 11*, 1930, pp. 48-60.

————. « Some Forms of Emotional Disturbance and Their Relationship to Schizophrenia » in *Psychoanalytic Quarterly 71*, 1942, pp. 301-21.

Dijkstra, B. *Idols of Perversity: Fantasies of Feminine Evil in Fin-de-Siècle Culture.* New York: Oxford University Press, 1986.

Doane, M. A. *The Desire to Desire: The Woman's Film of the 1940's.* Bloomington & Indianapolis: Indiana University Press, 1987.

————. « Film and Masquerade: Theorizing the Female Spectator » in *Screen* 23, 1982, pp. 74-87.

Einstein, H., & Jardine, A., eds. *The Future of Difference.* Boston: G. K. Hall, 1980.

Eisenbind, R. J. *Modern Woman: Her Psychology and Sexuality.* Illinois: Charles C. Thomas Publisher, 1969.

Feder, L. *Madness in Literature.* Princeton, NJ: Princeton University Press, 1980.

Fedida, P. « L'Anatomie dans la psychanalyse » in *Lieux du corps in Nouvelle revue de psychanalyse.* Vol. 3. Paris: Gallimard, Printemps 1971, pp. 109-26.

Feinbloom, D. H. *Transvestites and Transsexuals: Mixed Views,* USA: Delacorte Press/Seymour Lawrence, 1976.

Felman, S. *La Folie et la chose littéraire.* Paris: Editions du Seuil, 1978.

————. « Rereading Feminity » in *Yale French Studies,* Vol. 62, pp. 19-44.

————. « Women and Madness: The Critical Phallacy » in *Diacritics 5,* pp. 2-10.

Freud, S. *Délires et rêves dans la Gradiva de Jensen.* Paris: NRF, 1949.

————. « The Economic Problem of Masochism » in *Collected Papers.* Vol 2. London: Hogarth Press, 1924.

————. *A General Selection from the Works of Sigmund Freud.* J. Rickman, ed. New York: Doubleday Anchor Books, 1957.

————. *Métapsychologie.* Paris: NRF, 1940.

————. *Nouvelles Conférences sur la psychanalyse.* Paris: Gallimard, 1971.

————. *Sexuality and the Psychology of Love.* New York: Collier Books, 1959.

————. *Standard Edition of the Complete Psychological Works of Sigmund Freud.* trans. James Strachey, London: The Hogarth Press, 1940.

————. *La Vie sexuelle.* Paris: P.U.F., 1969.

Gallop, J. *The Daughter's Seduction: Feminism and Psychoanalysis.* Ithaca: Cornell University Press, 1982.

Gallop, J. « Sade, Mothers and Other Women » in *Enclitic.* Vol. 4, No. 2, Fall 1980.

Glatzer, H. « Notes on the Pre-œdipal Fantasy » in *American Journal of Ortho-psychiatry.* No. 24, 1959, pp. 383-90.

Granoff, W., et Perrier, F., rédacteurs. *Le Désir et le féminin*. Paris: Aubier Montaigne, 1979.

———, rédacteurs. *Le Désir et la perversion*. Paris: Editions de Seuil, 1967.

Green, A. « Le cannibalisme: Réalité ou fantasme agi » in *Destins du Cannibalisme* in *Nouvelle revue de psychanalyse*. Paris: Gallimard, Automne, 1972.

Greenacre, P. « Certain Relationships between Fetichism and Faulty Development of the Body Image » in *The Psychoanalytic Study of the Child*. Vol VIII. New York: International University Press, Inc., 1953, pp. 79-98.

Greenwald, H. *The Elegant Prostitute: A Social and Psychoanalytic Study*. New York: Walker & Co., 1970.

Heilbrun, C., & Miller, N., eds. *The Poetics of Gender*. New York: Columbia University Press, 1986.

Horn, P., & Pringle, P., eds. *The Image of the Prostitute in Modern Literature*. New York: F. Unger Publishing Co., 1984.

Horney, K. *Feminine Psychology*. New York: W. W. Norton & Co., 1967.

Irigaray, L. *Ce Sexe qui n'en est pas un* . Paris: Minuit, 1977.

———. *Speculum de l'autre femme* . Paris: Minuit, 1977.

Jardine, A. « Theories of the Feminine: Kristeva » in *Enclitic*. Fall, 1981.

Kaplan, Morton & Kloss. *The Unspoken Motive: A Guide to Psychoanalytic Literary Criticism*. New York: Free Press, 1973.

Kayser, W. *The Grotesque in Art and Literature*. Trans., U. Weisstein. Bloomington: Indiana University Press, 1963.

Kofman, S. *L'Enigme de la femme*. Paris: Galilée, 1980.

Kristeva, J. « Héréthique de l'amour » in *Tel Quel* 74, Hiver 1977.

———. *Histoires d'amour*. Paris: Editions Denoël, 1983.

———. *Pouvoirs de l'horreur: Essai sur l'abjection* Paris: Editions du Seuil, 1980.

Krohn, A. *Hysteria: The Elusive Neurosis*. New York: International University Press, Inc., 1978.

Lacan, J. *Ecrits*. Paris: Editions du Seuil, 1966.

Lainé, P. *La Femme et ses images*. Paris: Editions Stock, 1974.

Lebel, J. *L'Amour et l'argent*. Paris: Stock, 1979.

Lemoine-Luccioni, E. *Partage des femmes*. Paris: Editions du Seuil, 1976.

Marcuse, H. *Eros and Civilisation*. Boston: Beacon Press, 1966.

Marks, E. & Courtivron, I., eds. *New French Feminisms: An Anthology*. Amherst: University of Massachusetts Press, 1980.

Martinon, J. P. *Les Métamorphoses du désir et l'œuvre*. Paris: Editions Klincksieck, 1970.

Meissner, W. « Some Notes on the Psychology of the Literary Character: A Psychoanalytic Perspective » in *Seminars In Psychiatry* 5, 1973, pp. 261-71.

Ménard, D. *Hystérique entre Freud et Lacan: corps et langage en psychanalyse*. Paris: Editions Universitaires, 1983.

Merleau-Ponty, M. *Signs*. Evanston, Illinois: Northwestern University Press, 1964.

Moi, T. *Sexual/Textual Politics: Feminist Literary Theory*. London & New York: Metheun, 1985.

Montrelay, M. « Inquiry into Femininity » in m/f, No. 1, 1978, pp. 91- 92.

———. *L'Ombre et le nom: sur la féminité*. Paris: Editions du Seuil, 1977.

Miller, S. *The Shame Experience* . New Jersey: The Analytic Press, 1985.

Mitchell, J. *Psychoanalysis and Feminism*. New York: Vintage, 1974.

Mitchell, J. & Rose, J., eds. *Female Sexuality: Jacques Lacan and the Ecole Freudienne*. New York: Norton, 1983.

Parent-Duchâtelet, A. *La Prostitution à Paris au dix-neuvième siècle*. Paris: Editions du Seuil, 1981.

Paul, W., ed. *Homosexuality: Social, Psychological and Biological Issues*. Beverly Hill/London/New Delhi: Sage Publishers, 1982.

Plaza, M. « Phallomorphic Power and the Psychology of Woman » in *Feminist Issues* 1. Summer 1980, pp. 71- 102.

Pontalis, J. B. « Insaisissable entre deux » in *Bisexualité et différence des sexes* in *Nouvelle Revue de Psychanalyse*. No. 7. Paris: Gallimard, Printemps, 1973.

———. « Présentation » in *Objects du fétichisme* in *Nouvelle Revue de Psychanalyse*. Vol. 2. Paris: Gallimard, Automne, 1970.

Pugh, A. R. *Balzac's Recurring Characters*. London: Duckworth, 1975.

Rabine, L. *Reading the Romantic Heroine: Text, History, Ideology*. Ann Arbor: University of Michigan Press, 1985.

Riviere, J. « Womanliness as a Masquerade » in *Psychoanalysis and Female Sexuality*. H. Ruitenbeek, ed. New Haven College & University Press, 1986.

Rossum-Guyon et van Brederode, M. éds. *Balzac et les parents pauvres*. Paris: SEDES, 1981.

de Rougement, D. *Love in the Western World.*. New York: Pantheon Books, 1956.

Ruitenbeek, H. *Psychoanalysis and Female Sexuality*. New Haven : College & University Press, 1966.

Safouan, M. *La Sexualité féminine dans la doctrine freudienne*. Paris: Editions du Seuil, 1976.

Sand, G. *Indiana*. Paris: Gallimard, 1984.

———. *Lélia*. Paris: Michel-Levy frères, 1865.

Santayana, G. *The Sense of Beauty*. London: Adam & Charles Black, 1896.

Schor, N. *Breaking the Chain: Women, Theory and French Realist Fiction.* New York: Columbia University Press, 1985.

Segal, M. « Transvestism As an Impulse and As a Defense » in *International Journal of Psychoanalysis.* Vol. 26, 1965, pp. 209-16.

Showalter, E. ed. *The New Feminist Criticism: Essays on Women: Theory and Literature.* New York: Pantheon, 1985.

Simmel, G. *On Women: Sexuality and Love.* New Haven: Yale University Press, 1984.

Simon, S. *Le Caractère des femmes.* Paris: Editions Universitaires, 1967.

Slochower, R. « The psychoanalytic approach to literature: Some pitfalls and promises » in *Literature and Psychology* 21, 1971, pp. 107-11.

Smirnoff, V. « La Transaction fétichique » in *Objets du fétichisme* in *Nouvelle Revue de Psychanalyse.* Vol. 2, Paris: Gallimard, Automne ,1970.

Snitow, A., Stamsell, C. & Thompson, S., eds. *Powers of Desire: The Politics of Sexuality.* New York: Monthly Review Press, 1983.

Spencer, S. *Collage of Dreams: The Writings of Anais Nin.* Chicago: The Swallow Press, 1977.

Stambolian, G. & Marks, E. eds. *Homosexualities and French Literature: Cultural Contexts/Critical Texts.* Ithaca & London: Cornell University Press, 1979.

Stoller, R. « Faits et hypothèses: Un examen du concept freudien de la bisexualité » in *Bisexualité et différence des sexes* in *Nouvelle Revue de Psychanalyse.* No. 7. Paris: Gallimard, Printemps, 1973.

———. « La Perversion et le désir de faire mal » in *La Chose sexuelle* in *Nouvelle Revue de Psychanalyse.* No. 29. Paris: Gallimard, Printemps, 1984.

Stolorow, R. « The Narcissistic Function of Masochism » in *International Journal of Psychoanalysis.* Vol. 56. 1975, pp. 441-47.

Stroud, J. & Thomas, G. eds. *Images of the Untouched.* Dallas: Pegasus Foundation Series 1, 1982.

Suleiman, S., ed. *The Female Body in Western Culture: Contemporary Perspectives.* Cambridge, Mass: Harvard University Press, 1986.

Taylor, S. *Durkheim and the Study of Suicide.* New York: St. Martin's Press, Inc., 1982.

Toth, E. « The Independent Woman and Free Love » in *Massachusetts Review.* Autumn 1975, pp. 647-64.

Vaise, J. L. *Les Droits de la femme.* Paris: Cherbuliez, 1871.

Vance, C., ed. *Pleasure and Danger: Exploring Female Sexuality.* Boston/London/Melbourne: Routledge & Paul, 1985.

Vasse, D. *Le Temps de désir, essai sur le corps et la parole*. Paris: Editions du Seuil, 1969.

Wurmser, D. *The Mask of Shame*. Baltimore & London: The Johns Hopkins University Press, 1981.

Le Yaouanc, M. « Le Plaisir dans les récits balzaciens » in *L'Année Balzacienne*. Paris: Garnier frères, 1973.